lonely planet

MADRID

EN QUELQUES JOURS

FELICITY HUGHES

Sommaire

Préparer son séjour

Centre de Madrid
JJFARQ/SHUTTERSTOCK ©

Explorer Madrid 37

Vaut le détour

Carnet pratique 145

Coup de projecteur

Bienvenue à Madrid

La capitale espagnole est un concentré d'énergie et de passions, une ville envoûtante à la vitalité sans cesse renouvelée ! Il faut y voir le reflet de ses nombreux atouts – musées fabuleux, vie nocturne trépidante, bons restaurants et bars à tapas, fréquentés par une population passée maître dans l'art de profiter de la vie. Certes, ces qualités sont aussi l'apanage d'autres villes, mais Madrid offre l'avantage de les réunir toutes.

Bâtiments historiques dans Madrid
ALEXANDRU LOGEL/SHUTTERSTOCK ©

Les incontournables

Admirer les chefs-d'œuvre du Museo del Prado (p. 90)

HEMIS/ALAMY STOCK PHOTO ©

Redécouvrir Picasso au Centro de Arte Reina Sofía (p. 100)

HEMIS/ALAMY STOCK PHOTO ©

S'émerveiller au Museo Thyssen-Bornemisza (p. 96)

BRAVOXXX4/GETTY IMAGES ©

Se détendre dans le Parque del Retiro (p. 104)

Observer la foule à la Plaza Mayor (p. 40)

Admirer le génie de Goya à l'Ermita de San Antonio de la Florida (p. 56)

Découvrir les trésors historiques du Palacio Real (p. 42)

SYLVAIN SONNET/GETTY IMAGES ©

VIVVI SMAK/SHUTTERSTOCK ©

S'offrir une visite royale à San Lorenzo de El Escorial (p. 140)

Remonter le temps à la Plaza de Toros et au Museo Taurino (p. 124)

Être ébloui par les œuvres du Museo Lázaro Galdiano (p. 112)

Se restaurer

Madrid, c'est le centre de la gastronomie espagnole. Embarquez pour un voyage culinaire qui vous mènera aux quatre coins de la péninsule Ibérique : tapas basques, spécialités galiciennes, poissons de la Méditerranée andalouse, cuisine d'avant-garde des chefs catalans, et bien d'autres merveilles à découvrir.

Spécialités madrilènes

Les copieux ragoûts (notamment en hiver) sont la principale spécialité locale. Il n'y a pas plus consistant que le *cocido a la madrileña* (photo), à base de bouillon, de carottes, de pois chiches, de poulet, de *morcilla* (boudin), de bœuf, de lard et éventuellement de plusieurs sortes de saucisses.

Parmi les autres plats typiques à goûter si vous vous en sentez l'envie, citons les *callos a la madrileña* (tripes à la madrilène) et les *gallinejas* (intestin d'agneau frit). Vous trouverez des *callos* au menu de la plupart des bars de la ville, mais il vous faudra vous rendre à la **Casa Enriqueta** (gallinejasenriqueta.es ; Calle del General Ricardos 19) pour vous essayez aux *gallinejas*. Attention, toutefois : tout le monde n'aime pas !

Autres spécialités ibériques

La capitale souscrit sans réserve aux spécialités de toute l'Espagne, et aux innovations qui vont avec.

Poissons et fruits de mer sont importés chaque jour des ports de la Méditerranée et de l'Atlantique pour satisfaire les grands amateurs que sont les Madrilènes, au point que la capitale espagnole, pourtant si loin des côtes, abrite le deuxième plus grand marché aux poissons du monde (après Tokyo !).

De Madrid...

Taberna La Bola Une des meilleures adresses pour manger un *cocido a la madrileña* et d'autres spécialités locales comme les *callos* (tripes). (p. 49)

MACARENA ASSIEGO/SHUTTERSTOCK ©

Restaurante Sobrino de Botín Pour un repas de viandes rôties dans un vénérable restaurant. (p. 48)

Lhardy Le Tout-Madrid se retrouve dans ce bastion de la cuisine traditionnelle. (p. 81)

Taberna La Daniela Sans doute l'un des meilleurs *cocidos* de la ville. (p. 49)

Casa Lucio Dans ce restaurant, l'un des plus réputés de Madrid, membres de la famille royale et simples Madrilènes viennent manger un *cocido* et les meilleurs *huevos rotos* (œufs au plat, pommes de terre et chorizo ou jambon) de la ville. (p. 65)

... à toute l'Espagne

Casa Enriqueta L'un des très rares établissements où les amateurs d'abats pourront goûter aux *gallinejas*. Les *callos* de la maison sont aussi chaudement recommandés.

La Maruca Un restaurant cantabrien haut de gamme célèbre pour ses *buñuelos de bacalao* (beignets de morue), sa *tortilla* et sa tarte au citron. (p. 115)

Sidrería Vasca Zeraín Le meilleur de la cuisine basque, dans un cadre typique du Barrio de las Letras. (p. 83)

La Barraca La référence en matière de cuisine valencienne à Madrid – la meilleure paella de la ville. (p. 134)

Vaut le détour : un dîner étoilé

DiverXo (Calle del Padre Damián 23 ; diverxo.com ; M Cuzco) est le seul restaurant madrilène avec trois étoiles au Michelin. Son chef, David Muñoz, enfant terrible de la gastronomie espagnole, veut transmettre une "expérience frappante" : son équipe s'invite donc à la table des clients et ajoute à leurs plats de nouveaux ingrédients surprenants.

Tapas

RUSLAN_127/SHUTTERSTOCK ©

Ir de tapas ou tapear (aller de bar en bar pour manger des tapas) est une des traditions les plus ancrées et les plus populaires à Madrid. Si nombre des meilleurs bars à tapas de la ville se trouvent à La Latina, l'amour des Madrilènes pour ces mises en bouche est tel que chaque quartier peut se prévaloir d'excellentes adresses.

Bars à tapas

Mercado de Antón Martín Très grand choix de tapas au marché de Lavapiés, notamment des huîtres et du poulpe. (p. 52)

Juana La Loca La meilleure *tortilla de patatas* de Madrid. (p. 65)

Casa Dani Très populaire également pour sa *tortilla de patatas*, dans le quartier de Salamanca. (p. 120)

Casa Alberto *Jamón* (jambon), *croquetas* (croquettes) et autres classiques dans un cadre traditionnel. (p. 120)

Pez Tortilla *Tortilla de patatas*, *croquetas* et bière artisanale. (p. 129)

Casa Revuelta À la carte de cette institution locale : la meilleure morue de la ville, des tripes à la madrilène et bien d'autres délices. (p. 48)

Bodega de la Ardosa Un bar de quartier classique qui propose d'excellentes *croquetas* et une délicieuse *tortilla*. (p. 139)

À savoir : Le meilleur coin pour les tapas

Vous trouverez, bien entendu, des tapas dans toute la ville, mais si l'envie vous prend d'aller vraiment *tapear* (passer de bar en bar pour manger des tapas), le meilleur endroit est incontestablement **La Latina** (p. 59), avec ses rues médiévales étroites. Pour quelque chose de plus innovant, direction le quartier voisin de Lavapiés (p. 59), qui possède son propre concours annuel de tapas, en sachant que les plats qui remportent le prix sont souvent servis toute l'année.

Cafés

À Madrid, l'habitude de passer du temps au café remonte à la première moitié du XXe siècle, quand ces lieux occupaient une place centrale dans la vie intellectuelle espagnole. Si de nombreux établissements ont fermé, certains existent encore et accueillent désormais toutes les couches de la société. La plupart des cafés ci-dessous sont surtout des lieux propices à une pause bienvenue, et ce à toute heure de la journée.

NITO/SHUTTERSTOCK ©

Cafés littéraires

Café Comercial Ce café de la Glorieta de Bilbao est l'un des plus anciens de la ville. (p. 136)

Café de Oriente Ici, on se sent plus dans un café d'Europe centrale qu'à Madrid ! Belle vue sur le palais royal. (p. 50)

Café Pavón Bar d'un théâtre Art déco, fréquenté en journée par une clientèle locale. (p. 66)

Pour un rendez-vous entre amis

Lolina Vintage Café Cet établissement rétro à la clientèle hétéroclite sert cafés et cocktails. Une des adresses les plus branchées de Madrid. (p. 129)

Delic Voici un joli endroit au cœur du quartier de La Latina, où passer un agréable moment entre amis autour de quelques gourmandises. (p. 61)

Plaza de Olavide Les Madrilènes aiment se retrouver dans les nombreux bars et cafés aux alentours de cette place. (p. 139)

Pour les becs sucrés

Chocolatería de San Ginés Rien de tel que de tremper des churros bien gras dans un chocolat bien épais (photo) pour reprendre des forces après une nuit de fête. (p. 50)

Fenix Restobar Un joli café, connu pour son *tres leches* maison. (p. 120)

Plaza Menor Si les (excellents) gâteaux ne vous séduisent pas, vous craquerez forcément pour les cocktails ! (p. 51)

Chasse aux trésors

Les fashionistas découvriront ici une toute nouvelle génération de stylistes. Pour les gourmands, la capitale compte aussi d'excellentes épiceries, où l'on peut faire le plein de spécialités et d'ingrédients de qualité. Et que dire des boutiques d'artisanat, bien plus appréciables que les innombrables magasins de souvenirs.

Mode

À l'instar des grands chefs espagnols dont la cuisine a conquis le monde entier, les stylistes espagnols sont désormais acclamés sur tous les podiums.

Si les couleurs vives et les imprimés accrocheurs ont fait leur apparition tardivement sur la scène internationale, ils sont présents à Madrid depuis bien longtemps.

C'est depuis l'explosion créative de la Movida, dans les années 1980 (voir p. 133), que certains créateurs se sont fait un nom.

Gastronomie

Ces dernières années, les marchés madrilènes ont connu une véritable révolution. Ils sont devenus des espaces pleins de vie, où l'on peut à la fois manger et faire ses courses.

Partout dans la ville, de petites boutiques spécialisées proposent des produits délicieux, tant pour les papilles que pour les yeux.

Antiquités et souvenirs

Les plaques de rue illustrées de Madrid racontent toutes une histoire et vous pouvez acheter de jolies versions carrelées de celles-ci pour vous rappeler votre voyage.

Pour un souvenir gustatif, vous pouvez acheter une bouteille de liqueur de *madroño* (arbousier), arbre emblématique de la ville.

ORESTEGASPARI/GETTY IMAGES ©

Boutiques de stylistes espagnols

Bimba y Lola Cette marque de luxe jeune, drôle et abordable se retrouve partout dans les rues de Madrid. (p. 115)

Camper Seuls les Espagnols sont capables de créer une chaussure superstar mondiale en s'inspirant de simples chaussures de bowling… (p. 115)

Casa Loewe Le paradis des sacs à main pour les fans de la célèbre marque espagnole. (p. 115)

Épiceries fines et produits gourmands

Mercado de San Miguel Entre autres délices, vous trouverez dans ce marché relooké de la charcuterie sous vide, prête à être glissée dans la valise. (p. 47)

Bombonerías Santa Chocolats à l'ancienne frôlant la perfection, emballés comme des œuvres d'art. (p. 121)

Oriol Balaguer Ce chef pâtissier, un des plus célèbres en Espagne, est aussi un grand chocolatier. (p. 115)

Mantequería Bravo La meilleure épicerie fine à l'ancienne de Madrid. (p. 121)

Artisanat et pièces iconiques

Galerías Piquer Des antiquaires installés autour d'une jolie cour. Particulièrement sympathique le dimanche, lors du marché du Rastro. (p. 71)

Antigua Casa Talavera Céramiques originales créées par des familles de potiers du centre de l'Espagne. (p. 53)

Casa Hernanz Les *alpargatas* (espadrilles) à semelles de corde constituent un parfait souvenir de la Madrid estivale. (p. 53)

Maty Chaussures et robes de flamenco authentiques. (p. 53)

L'art à Madrid

Madrid, l'une des grandes capitales de l'art, compte un nombre impressionnant de musées illustres, héritage d'une monarchie qui, pendant des siècles, fit appel aux grands peintres. Au final, ce sont des collections d'une richesse sans pareille qui ont été constituées.

Paseo del Arte

Peu d'artères au monde réunissent sur quelques mètres autant de musées que le Paseo del Prado (ou "Paseo del Arte"). Les collections de trois musées, Le Prado, le Thyssen et la Reina Sofía, forment un catalogue d'une rare richesse, avec les œuvres de plusieurs générations de maîtres espagnols et d'autres peintres européens.

Art à foison

Parmi les autres musées de choix, citons l'école d'art qui a accueilli les grands noms de la peinture espagnole (Real Academia de Bellas Artes de San Fernando) ou le musée consacré à Joaquín Sorolla, un peintre adulé. Prêtez aussi attention aux édifices qui accueillent ces collections : ils figurent parmi les plus belles réalisations architecturales de la ville.

Maîtres espagnols

Musée du Prado On vient pour Goya et Vélasquez, puis on passe facilement la journée à naviguer entre les siècles les plus riches de la peinture européenne. (p. 90)

Real Academia de Bellas Artes de San Fernando Picasso et Dalí ont étudié ici et l'arrière abrite une étonnante collection de gravures de Goya. (p. 79)

Ermita de San Antonio de la Florida Ce modeste ermitage – un site méconnu de la capitale – conserve de superbes fresques peintes *in situ* par Goya en 1798. (p. 56)

DRG PHOTOGRAPHY/SHUTTERSTOCK ©

Art moderne et contemporain

Centro de Arte Reina Sofía Si *Guernica* de Picasso et les esquisses correspondantes sont au centre de l'attention, n'en oubliez pas pour autant Dalí, Miró et les autres grands artistes espagnols du XXe siècle. (p. 100)

Caixa Forum Ce bâtiment à l'architecture avant-gardiste programme d'excellentes expositions de photographie, de peinture, etc. (p. 108)

Museo Sorolla Les tableaux du peintre valencien, exposés dans son ancienne demeure, portent en eux l'essence même de la Méditerranée. (photo ; p. 139)

Et aussi...

Musée Thyssen-Bornemisza Cette collection privée compte de grands noms du monde de l'art, du Moyen Âge au XXe siècle. (p. 96)

Musée Lázaro Galdiano Dans un bel hôtel particulier du quartier de Salamanca, cette collection privée comprend des œuvres de Goya, du Greco et de Constable. (p. 112)

San Lorenzo de El Escorial Le Greco et d'autres maîtres ont apporté leur touche artistique au superbe palais-monastère de l'Escurial. (p. 140)

Vaut le détour : Un petit coin de culture

Près de la Plaza de España, le **Museo Cerralbo** (Calle de Ventura Rodríguez 17 ; culturaydeporte.gob.es/mcerralbo/home.html ; tarif plein/réduit 3/1,50 €, gratuit 17h-20h jeu et dim ; M Ventura Rodríguez), une ancienne demeure aristocratique, expose des pièces en provenance d'Asie, des peintures religieuses mais aussi des œuvres de grands maîtres tels que Zurbarán, Ribera, Van Dyck et le Greco.

Prendre un verre

Les bars de Madrid en sont le cœur battant. Au XIXᵉ siècle, ils étaient peints en rouge sang pour signifier que de l'alcool y était servi. Pour une expérience authentique, préférez les bars bon marché, sans chichis, avec un comptoir en inox et un sol jonché de noyaux d'olives.

Avant le dîner

À Madrid, l'heure du dîner étant tardive, nombreux sont les Madrilènes à partager un moment de convivialité autour d'un verre avant le repas, et souvent en l'accompagnant de tapas (voir p. 14).

Horaires

Les bars madrilènes vont des modestes bistrots de quartier aux adresses chics et branchées. Les premiers ouvrent en général durant la journée et les seconds rarement avant 20h. Certains établissements peuvent fermer une demi-heure plus tôt ou plus tard (notamment les vendredis et samedis), mais le seuil est invariablement fixé à 3h. Si le choix est immense entre minuit et l'horaire de fermeture officiel, les bars à cocktails de la ville restent, à notre avis, le meilleur endroit pour terminer la soirée en beauté.

Bars à cocktails

Museo Chicote Le bar à cocktails le plus connu de Madrid, fréquenté depuis longtemps par les célébrités, d'Ernest Hemingway à Sophia Loren. (p. 135)

1862 Dry Bar Des cocktails inventifs dans un cadre sophistiqué sur la Calle del Pez. (p. 136)

Rooftops

360° Rooftop Bar Les meilleures vues sur Madrid depuis le 27ᵉ étage, avec un vertigineux pont de verre. (p. 55)

La Terraza del Urban Une luxueuse adresse, idéale par une chaude soirée d'été. (p. 77)

ANICZKANIA/SHUTTERSTOCK ©

Azotea del Circulo Un lieu accueillant et de qualité. Son toit-terrasse surplombe un des plus jolis coins de la capitale. (photo ; p. 85)

Bars de quartier

La Venencia Un bar hors du temps, où le vin est tiré des fûts, à côté de la Plaza de Santa Ana. (p. 84)

Bodega de la Ardosa Une adresse classique à Malasaña. (p. 134)

Et aussi...

Café Belén Ambiance décontractée et bons mojitos. (p. 135)

Delic Des mojitos de haut vol servis sur une ravissante petite place. (p. 61)

El Imperfecto Excellents cocktails et bonne ambiance, à l'image du quartier de Huertas. Un des meilleurs bars de la ville. (p. 84)

Jazz Bar Ambiance intimiste dans cette adresse de Huertas. (p. 77)

Taberna El Tempranillo Le mur recouvert de bouteilles fait son petit effet dans ce bar à vins du quartier de La Latina. (p. 66)

Taberna La Dolores Une vénérable adresse, très chic, à deux pas du Paseo del Prado. (p. 77)

À savoir : Gare aux barmans à la main lourde !

Les barmans madrilènes n'ont pas pour habitude de doser les alcools qu'ils servent : ils versent la quantité de gin ou de whisky qui leur semble correcte. Les *copas* (boissons) étant souvent servies dans d'immenses verres ballon, elles sont donc parfois incroyablement fortes. Si vous ne voulez pas tituber toute la nuit, veillez donc à ce que le barman n'ait pas la main trop lourde lorsqu'il vous sert.

Concerts et flamenco

La scène musicale madrilène est très riche. On peut écouter du flamenco, évidemment, du jazz de qualité, mais aussi nombre d'artistes dont vous n'avez peut-être jamais entendu parler – parmi lesquels, peut-être, la prochaine révélation espagnole ? L'opéra et la zarzuela (mélange de théâtre, musique et danse) constituent encore une autre expérience.

Flamenco

Si l'Andalousie est le berceau du flamenco, les meilleurs artistes de la discipline se produisent à Madrid. La capitale accueille d'ailleurs le festival **Flamenco Madrid** (teatrofernangomez.es/actividades/vii-festival-flamenco-madrid) en mai et le prestigieux **Suma Flamenca** (madrid.org/sumaflamenca) à l'automne. Dans la majorité des *tablaos* (salles de spectacles de flamenco), il est possible de se restaurer pendant le spectacle. Certes, le prix du repas est souvent exagéré, mais cela donne accès à de bonnes places. Lorsque cela est possible, acheter de préférence votre billet sur place, afin de voir où vous serez assis.

Une ville jazzy...

Madrid compte d'excellents clubs de jazz où les groupes se produisent souvent une semaine entière.

... et rock

À l'apogée de la Movida, quelque 300 groupes de rock se produisaient dans les bars de Malasaña. Il y a moins de concerts aujourd'hui, mais l'esprit de cette époque est encore bien présent.

Le top du flamenco

Teatro Flamenco Madrid Une adresse fantastique, avec des prix raisonnables. (p. 136)

Las Tablas Petite salle et spectacles de qualité. (p. 51)

Villa Rosa Cette salle qui a accueilli le tournage d'un film d'Almodóvar est récemment revenue à ses racines *flamencas*. (p. 86)

Corral de la Morería Une scène prestigieuse, avec un excellent restaurant. (photo ; p. 69)

Café Ziryab Au nombre des meilleures adresses à Madrid pour sa scène flamenco ouverte. (p. 70)

INGOLF POMPE/ALAMY STOCK PHOTO ©

Salles de jazz

Café Central Avec sa fabuleuse décoration Art déco, ce café occupe une place prépondérante dans le cercle international des clubs de jazz. (p. 86)

Café Berlín Une programmation jazz aussi variée que distinguée. (p. 51)

Café El Despertar Concerts de jazz classique et d'avant-garde dans un café historique de Lavapiés. (p. 70)

Clubs mythiques

Sala El Sol Ce lieu emblématique du Madrid des années 1980 a toujours autant de succès. (p. 86)

Wurlitzer Rock et garage, avec parfois quelques groupes qui détonnent. (p. 85)

ContraClub Le rock est souvent à l'honneur dans ce club/salle de concerts. (p. 70)

Opéra et danse

Teatro Real Les meilleurs artistes lyriques espagnols se produisent dans cette salle à l'acoustique parfaite. (p. 46)

Teatro de la Zarzuela Le temple de la *zarzuela* à Madrid accueille aussi le meilleur de la danse contemporaine. (p. 86)

Vaut le détour : Se taper un bœuf à Madrid

C'est sur la scène exiguë de la **Fun House** (Calle de Palafox 8 ; funhousemusicbar.com ; à partir de 4 € ; M Bilbao) que de nombreux groupes et musiciens terminent leurs tournées, souvent après avoir joué dans une plus grande salle à Madrid. Il n'est pas rare que des invités surprise investissent la scène, et les artistes aiment ça autant que le public !

Clubs

Les nuits madrilènes sont longues et animées ; et les discothèques (discotecas) de la capitale prennent une large part dans la vie intense des noctambules. Parmi les meilleures adresses figurent souvent des clubs immenses, avec plusieurs scènes et styles musicaux différents, à la déco design et à la clientèle ultrabranchée.

KRZYSZTOF DYDYNSKI/LONELY PLANET ©

Heures d'ouverture et tarifs

La plupart des établissements n'ouvrent pas avant minuit, et l'ambiance ne prend réellement qu'à partir de 1h, voire 3h dans certains quartiers, après la fermeture des bars.

Les tarifs d'entrée varient beaucoup – prévoyez quelque 15 €.

Les boîtes où l'entrée est gratuite se rattrapent sur le prix des boissons ; ne planifiez donc pas votre soirée en fonction des tarifs à l'entrée.

Les meilleures adresses

Teatro Joy Eslava Cet ancien théâtre est depuis longtemps réputé pour sa bonne musique, ses performances live et sa clientèle joyeuse. (photo ; p. 51)

Teatro Kapital Il y en a pour tous les goûts dans le plus ancien mégaclub madrilène, qui compte 7 étages. (p. 109)

Sala BarCo Un petit club de Malasaña, qui passe de l'électro et de l'indé à une clientèle jeune et sympathique. (p. 137)

LGBTQIA+

Madrid est depuis longtemps l'une des villes européennes les plus accueillantes pour la communauté gay. En vertu des lois votées par le Congrès espagnol en 2005, le mariage entre personnes du même sexe confère la même protection juridique que le mariage hétérosexuel. Une enquête d'opinion réalisée la même année a révélé que plus de deux tiers des Espagnols soutenaient cette réforme.

VICTOR LAFUENTE ALONSO/SHUTTERSTOCK ©

À la découverte de Chueca

La communauté LGBTQIA+ madrilène peut se targuer d'avoir redonné vie au quartier de Chueca (photo ci-dessus), qui, bien que situé en plein centre-ville, a un temps été laissé à l'abandon.

Aujourd'hui, ce quartier est l'un des plus dynamiques de Madrid, et il est aussi devenu le cœur de la vie LGBTQIA+ de la capitale. Les cafés, bars et discothèques *LGBTQIA-friendly* sont ici innombrables. Les librairies, sex-shops, salles vidéo et hôtels visant un public d'adultes sont eux aussi toujours plus nombreux à Chueca et dans ses alentours.

La communauté de Chueca est aussi extravagante qu'accueillante. Le quartier est ouvert à tous et la population est d'ailleurs très mixte. En effet, comme aiment à le dire ses habitants : "Chueca n'est pas un quartier gay-friendly, c'est un quartier hétéro-friendly."

Les meilleures adresses pour prendre un verre et faire la fête

YOU&ME Un bar à cocktails sympathique et discret avec beaucoup de charme. (p. 135)

Why Not? Ambiance festive garantie dans cette discothèque intimiste où se mêlent couples homos et hétéros. (p. 136)

Diurno Ce café est, depuis plusieurs années, un lieu de vie sociale sans prétention mais essentiel pour les personnes de la communauté LGBTQIA+ de Chueca. (p. 135)

Avec des enfants

L'Espagne est un pays extrêmement accueillant pour les enfants et vous recevrez un accueil chaleureux dans la plupart des restaurants. Il y a des aires de jeux sur de nombreuses places et, heureusement, souvent des cafés à proximité. En été, le Río Manzanares est particulièrement agréable pour les enfants, avec des fontaines rafraîchissantes à la "Playa de Madrid Río".

ALEX SEGRE/SHUTTERSTOCK ©

Le top des activités pour les enfants

Parque del Retiro Aires de jeux, vastes pelouses, promenades en bateau, location de vélos et parfois spectacles de marionnettes. (p. 104)

Teleférico Funiculaire reliant le Paseo de Pinto Rosales à la Casa de Campo. (angle Paseo del Pintor Rosales et Calle de Marqués de Urquijo ; teleferico.emtmadrid.es ; M Argüelles)

Casa de Campo Un immense parc à l'ouest de la ville, avec des restaurants, un lac, un zoo et un parc d'attractions. (M Batán)

Estadio Santiago Bernabéu Le QG du Real Madrid est un gigantesque stade de football, vraiment impressionnant, et en plein centre-ville. Visites, musée et matchs d'août à mai. (Avenida de Concha Espina 1 ; realmadrid.com ; M Santiago Bernabéu)

Casa Museo de Ratón Perez Visites guidées pour enfants de la maison de la "Petite Souris" espagnole. (Calle de Arenal 8, 1er ét. ; casamuseoratonperez.com ; M Sol)

Museo de las Ilusiones Vous trouverez une foison d'illusions d'optique dans ce musée qui s'adresse à un public familial. Réservation conseillée, car l'endroit remporte un franc succès. (museumofillusions.es)

Hors des sentiers battus

Madrid est le genre de ville où connaître un peu l'endroit fait toute la différence. Plongez dans les quartiers où les touristes sont rares, explorez les marchés locaux, découvrez les musées peu connus et vous aurez bientôt l'impression d'être un habitant de la ville.

LENA IVANOVA/SHUTTERSTOCK ©

Le top de la vie madrilène

Plaza de Olavide Le meilleur de la vie de *barrio*, avec ses *terrazas*, ses terrains de jeux et... ses Madrilènes. (p. 139)

Conde Duque Tout un monde de places intimistes et de ruelles où, la nuit, déambule une foule joyeuse. (p. 130)

Mercado de Ánton Martín Un marché intérieur avec nombre d'épiceries et de restaurants internationaux. (p. 52)

Río Manzanares Les Madrilènes aiment se promener sur les berges du fleuve et profiter de son centre culturel. (p. 26)

Usera Abritant le quartier chinois de Madrid, cette zone multiculturelle située au sud du fleuve est aussi un endroit idéal pour déguster des plats sud-américains.

Nord de Madrid Le nord de la ville abrite d'incroyables adresses pour se restaurer et faire la fête. (p. 111)

Museo Sorolla Ce petit bijou recèle des peintures du célèbre Joaquín Sorolla. (photo ; p. 139)

Mercado de San Fernando Un marché qui reflète bien l'ambiance de Lavapiés, avec des étals reconvertis en restaurants et boutiques tendance. (p. 52)

Atlético de Madrid Tous les Madrilènes ne sont pas supporteurs du Real Madrid. L'Atléti a aussi beaucoup de fans passionnés. (Avenida de Luís Aragonés 4 ; atleticodemadrid.com)

Vaut le détour : Un voyage dans le temps

Il est difficile d'imaginer qu'un village comme **Chinchón** puisse exister si près de la plus bruyante des villes. Sa Plaza Mayor au charme vétuste est tout simplement magnifique et la viande servie le week-end à l'heure du déjeuner dans les restaurants qui l'entourent régalera vos papilles.

Voyage responsable

Des expériences positives, responsables et feel-good.

Établissements responsables

Séjourner dans des hôtels qui adoptent des pratiques durables. Only You Atocha (onlyyouhotels.com) a proscrit l'utilisation de plastiques à usage unique, dispose de bornes de recharge pour voitures électriques et permet aux clients de renoncer au changement quotidien des serviettes de toilette.

Se régaler d'un repas végétarien consistant. El Fogón Verde (elfogonverde.net) est un restaurant géré par une coopérative qui propose des plats écologiques. Tous les ingrédients sont d'origine locale et cultivés sans pesticides. Comprenant trois plats, avec pain et boisson, le menu du déjeuner, à 16 €, est vivement recommandé.

Voyage social

Aider les réfugiés à se construire une nouvelle vie. La majorité des employés de **Lakook** (lakook.es), à Casa Arabe (p. 118), sont des migrants ou des réfugiés. Ce travail leur donne l'occasion d'acquérir de nouvelles compétences et de s'intégrer dans la société espagnole.

Soutenir les vendeurs de rue sans papiers. On peut voir des *manteros* vendant leur marchandise sur des couvertures dans tout Madrid. La pandémie a aggravé leur vulnérabilité. Aujourd'hui, ils se sont regroupés pour former un syndicat. Vous pouvez montrer votre soutien en achetant des T-shirts et des tote bags dans leur boutique, **Pantera** (sindicatomanteros.org).

Soutenir l'économie locale

Acheter local. Au Mercado de San Fernando (p. 52), **Lonja Agorecológica** (lonjaagroecologica.com) vend des produits bio frais provenant d'une ferme de la région. **¡La Colmena Que Dice Sí!** (lacolmenaquedicesi.es) vend des produits locaux et reverse 80% des recettes aux agriculteurs. Il existe plusieurs boutiques ; la plus centrale se trouve dans le quartier de Chamberi, Plaza de Olavide 6.

Optez pour des souvenirs fabriqués localement. Lefrik (lefrik.com) est une marque locale qui fabrique des sacs et sacs à dos à partir de bouteilles en plastique recyclées. Un cadeau tendance, fonctionnel et éthique !

CLEMENTE LASALA/SHUTTERSTOCK ©

S'informer

Visiter un espace respectueux de l'environnement. Niché dans un coin du Retiro, le **Centro de Educación Ambiental de El Retiro** (diario.madrid.es/cieaelretiro) est une initiative politique locale visant à promouvoir les attitudes écoresponsables. Les activités, telles que les ateliers sur les espèces végétales endémiques, sont en espagnol, mais tous les visiteurs du parc peuvent se promener dans le jardin bio.

Déplacements responsables

Marcher. Il est si facile de se déplacer à pied dans le centre de Madrid qu'il est inutile d'acheter une carte de métro. Depuis le lancement du programme de réduction des émissions de gaz à effet de serre, la circulation a diminué et des rues sont devenues piétonnes, même si les artères comme le Paseo del Prado peuvent être engorgées aux heures de pointe. Attention : le quartier de Lavapiès est pentu.

Louer un vélo ou une trottinette électrique. De nombreuses solutions s'offrent à qui veut louer des deux-roues à Madrid, à commencer par le programme **BiciMAD** (bicimad.com) de la ville. Sachez toutefois que Madrid n'est pas la ville la mieux adaptée au vélo. Si vous voyagez avec des enfants, mieux vaut limiter vos déplacements au Parque del Retiro. **Rent & Roll** (rentandrollmadrid.com) a un très grand choix de vélos, skates et rollers.

Voyages et changements climatiques

Lonely Planet invite tous les voyageurs à compenser leur empreinte carbone. De nombreux sites Internet permettent aux voyageurs d'estimer les émissions à effet de serre dont ils sont responsables ; testez le site resurgence.org/resources/carbon-calculator.html.

Madrid en 4 jours

ELROCE/SHUTTERSTOCK ©

Commencez la journée sur la **Plaza Mayor** (p. 40), ou devant un petit-déjeuner avec des *churros* à la **Chocolatería de San Ginés** (p. 50). Dans la vieille ville, faites un saut par la **Plaza de la Villa** (photo ; p. 46) et la **Plaza de Oriente** (p. 50). Faites une pause au **Café de Oriente** (p. 50) et visitez le **Palacio Real** (p. 42) avant de goûter les tapas du **Mercado de San Miguel** (p. 47). Le **Museo del Prado** (p. 90) vous retiendra tout l'après-midi. Récompensez-vous avec un verre à **La Venencia** (p. 84). Le soir, le **Restaurante Sobrino de Botín** (p. 48) est une valeur sûre. Prolongez la soirée devant un spectacle de flamenco à **Las Tablas** (p. 51). Les couche-tard feront un tour au **Teatro Joy Eslava** (p. 51), l'un des emblèmes de la nuit madrilène.

ANIBAL TREJO/SHUTTERSTOCK ©

Visitez le **Centro de Arte Reina Sofía** (p. 100) puis ressourcez-vous au **Parque del Retiro** (photo ; p. 104). Cap ensuite vers la **Plaza de Cibeles** (p. 107), bordée de majestueux bâtiments. Goûtez aux tapas de **Los Gatos** (p. 83), avant de rallier en métro l'**Ermita de San Antonio de la Florida** (p. 56). De retour en ville, faites le plein de souvenirs à **Maty** (p. 53) et à la **Casa Hernanz** (p. 53) avant de déguster une liqueur traditionnelle de *madroño* à **El Madroño** (p. 50) puis de faire un tour sur la **Plaza de Santa Ana** (p. 79). Profitez d'un concert de jazz au **Café Central** (p. 86), ou allez prendre un verre à **El Imperfecto** (p. 84), avant de dîner à la **Casa Alberto** (p. 80). Pour danser jusqu'au bout de la nuit, ralliez **Teatro Kapital** (p. 109), ou **Sala BarCo** (p. 137).

PIXACHI/SHUTTERSTOCK ©

Passez la matinée au **musée Thyssen-Bornemisza** (p. 96), puis mettez le cap à l'est pour visiter la **Plaza de Toros** (photo ; p. 124). Finissez la matinée par une virée shopping dans la **Calle de Serrano** (p. 114). Pour déjeuner dans un cadre grandiose, laissez-vous tenter par le **Platea** (p. 119), à moins de préférer **La Maruca** (p. 115). Un peu de culture ensuite avec la visite du **musée Lázaro Galdiano** (p. 112). À la tombée du jour, prenez le chemin du quartier de La Latina et choisissez votre bar à tapas dans la Calle de la Cava Baja. Dégustez un verre de vin à la **Taberna El Tempranillo** (p. 66) ou un mojito au **Delic** (p. 61). Finissez la soirée par un concert à la **Sala El Sol** (p. 86), avant d'aller fouler la piste du **Why Not?** (p. 136), dans le quartier de Chueca.

JJFARQ/SHUTTERSTOCK ©

Consacrez une heure ou deux de votre matinée à admirer les œuvres de la **Real Academia de Bellas Artes de San Fernando** (p. 79). Partez ensuite à la découverte du quartier de Malasaña, en faisant escale chez **Pez Tortilla** (p. 129) et au **Lolina Vintage Café** (p. 129). Déjeunez à l'**Avocado Love** (p. 134) ou au **Bazaar** (p. 133). S'il vous reste au moins 3 heures de temps libre, prenez le train pour **San Lorenzo de El Escorial** (l'Escurial ; photo, p. 140). De retour au centre-ville, assistez à une *zarzuela* (un spectacle de théâtre, musique et danse) au **Teatro de la Zarzuela** (p. 86). Pour votre dernière soirée, faites-vous plaisir avec un dîner mémorable au **Paco Roncero Restaurante** (p. 81), avant de finir par **Calle de Ponzano** (p. 139).

Les basiques

Pour plus d'informations, voir le *Carnet pratique* (p. 145)

Monnaie
Euro (€)

Langue
Espagnol (castillan)

Formalités
Les Canadiens n'ont pas besoin de visa pour un séjour en deçà de 90 jours.

Argent
DAB partout et cartes bancaires acceptées dans la plupart des établissements.

Smartphones
Les membres de l'UE peuvent désormais utiliser leur téléphone sans payer de frais supplémentaires. Les cartes SIM locales fonctionnent avec des portables européens.

Pourboires
Taxis : Il est de coutume d'arrondir à l'euro supérieur.
Restaurants : Le service est compris, mais les pourboires sont appréciés ; un pourboire de 2 € est très correct.

Budget quotidien

Moins de 100 €
Lit en dortoir : 18-30 €

Chambre double en *hostal* (hôtel économique) : 50-75 €

Menú del día (formule déjeuner du jour, 3 plats) : 10-18 €

De 100 à 200 €
Chambre double en hôtel de catégorie moyenne : 75-150 €

Déjeuner et/ou dîner dans un bon restaurant : 20-50 € par personne et par repas

Entrée dans un musée : 10-15 €

Plus de 200 €
Chambre double en hôtel de catégorie supérieure : à partir de 150 €

Déjeuner et dîner dans un grand restaurant : à partir de 50 € par personne et par repas

Cocktails : 8-15 €

À prévoir

Trois mois avant Retenez une table pour dîner au Paco Roncero Restaurante (pacoronceroestaurante.com), temple de la haute cuisine madrilène.
Un mois avant Réservez une table au DiverXo (diverxo.com) et votre hébergement (en particulier si vous comptez loger dans un établissement haut de gamme).
Une semaine avant Achetez en ligne vos billets pour le musée du Prado (museodelprado.es), de même que des billets pour un match du Real Madrid (realmadrid.com).

Arriver à Madrid

Aeropuerto Adolfo Suárez Madrid-Barajas

Métro (6h05-1h30 ; 4,50 €), bus (5 € ; 24h/24 pour les deux) pour le centre de Madrid ; taxi 30 €.

Estación Puerta de Atocha

Métro et bus pour le centre (6h05-1h30) ; taxi 8 € environ.

Estación de Chamartín

Métro et bus pour le centre (6h05-1h30) ; taxi 15 € environ.

Estación Sur de Autobuses

Métro et bus pour le centre (6h05-1h30) ; taxi à partir de 15 € environ.

Comment circuler

Les tickets Metrobús (10 voyages) coûtent 12,20 €. Enregistrés sur votre Tarjeta Multi, ils sont valables dans le métro et le bus. Achetez et rechargez votre Tarjeta Multi (2,50 €) aux automates présents dans les stations de métro.

Bus

Le réseau de bus EMT (emtmadrid.es) opère de 6h30 à 23h30.

Métro

Le centre de Madrid est quadrillé par 11 lignes de métro (metromadrid.es ; 6h-1h30). Deux stations desservent le Paseo del Prado (une à chaque extrémité).

Train

Les trains de banlieue *cercanías* effectuent de courts trajets dans l'agglomération. Ils passent par les gares Chamartín et Puerta de Atocha (via Nuevos Ministerios et Sol), et desservent notamment San Lorenzo de El Escorial, à l'extérieur de la ville.

ALEXAT25/SHUTTERSTOCK ©

Les quartiers de Madrid

Malasaña et Chueca (p. 127)
Malasaña l'alternatif et le gay Chueca sont deux quartiers extrêmement animés. Peu de sites touristiques, mais des restos, bars et clubs branchés.

Plaza Mayor et le Madrid royal (p. 39)
Dans le centre historique de la ville : des bâtiments à l'architecture superbe, de fabuleux restaurants et de jolies boutiques.

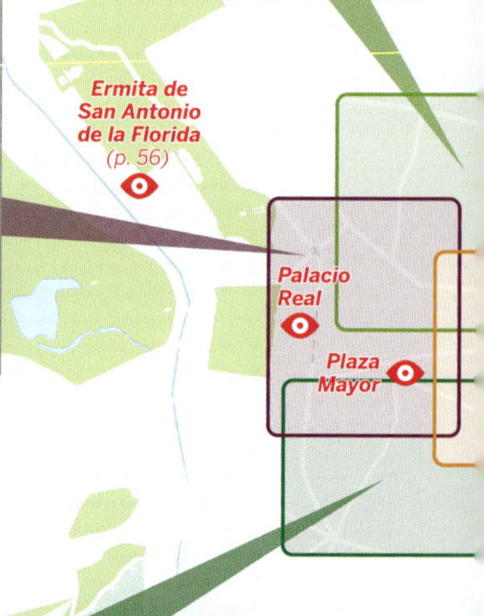

La Latina et Lavapiés (p. 59)
Dans ces quartiers de la vieille ville : les meilleures adresses de bars à tapas et l'emblématique Rastro, le marché aux puces du dimanche matin.

Salamanca (p. 111)
Le quartier chic et tranquille : musées, boutiques de luxe, ateliers de créateurs, bars à tapas et magasins alimentaires tendance en font le centre du style à Madrid.

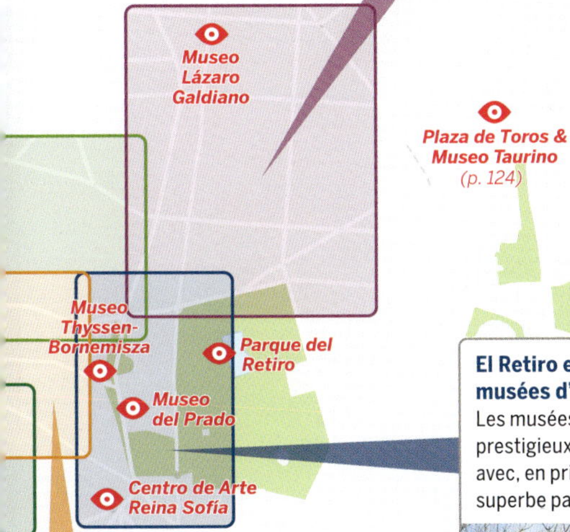

El Retiro et les musées d'art (p. 89)
Les musées les plus prestigieux de Madrid avec, en prime, le superbe parc del Retiro.

Sol, Santa Ana et Huertas (p. 75)
Le cœur battant de Madrid, où la vie nocturne ne s'arrête jamais : clubs, cafés, bars, restaurants jalonnent des rues pleines de charme.

Explorer Madrid

Vaut le détour

Promenades

Plaza de Cibeles (p. 107) SERGII FIGURNYI/SHUTTERSTOCK ©

Explorer

Plaza Mayor et le Madrid royal

C'est dans ce quartier que commence l'histoire de la ville. Ses majestueux monuments sont le témoignage de l'âge d'or du pays, lorsque la royauté régnait en majesté sur les arts et l'architecture. La vieille ville permet d'admirer de superbes palais, églises, couvents et places, mais aussi de s'attabler dans d'excellents restaurants et de pousser la porte de boutiques attrayantes.

À ne pas manquer

- ***Plaza Mayor** (p. 36)* *Déambulez dans les rues pavées au rythme de la vie locale, ou installez-vous à la terrasse d'un des cafés qui entourent cette place d'une élégance rare.*
- ***Palais royal** (p. 38)* *La majesté du Palacio Real reflète celle de la monarchie espagnole : l'édifice ne vous laissera pas de marbre.*
- ***Convento de las Descalzas Reales** (p. 44)* *À la fois tout le luxe d'un palais du XVIe siècle et le calme d'un couvent encore en activité.*
- ***Chocolatería de San Ginés** (p. 46)* *C'est ici que vous goûterez au meilleur* chocolate con churros *de Madrid, à toute heure du jour ou de la nuit.*

Comment s'y rendre et circuler

M Située à quelques encablures de la Plaza Mayor, la station de métro Sol fait partie des stations les plus pratiques de Madrid : les lignes 1, 2 et 3 s'y rencontrent. Pensez également à la station Ópera (lignes 2 et 5) pour visiter le quartier. La ligne 2 passe par le Banco de España (et à proximité des musées), le Parque del Buen Retiro et le quartier de Salamanca.

Plan du quartier p. 40

Convento de las Descalzas Reales (p. 44) ALEKSANDAR TODOROVIC/SHUTTERSTOCK

Les incontournables

Observer la foule à la Plaza Mayor

Ici, Madrid vous apparaît dans toute sa splendeur... Cœur monumental de la ville, la majestueuse Plaza Mayor a été le théâtre des événements les plus importants de la capitale. La vie est aujourd'hui encore bouillonnante sur cette place pavée, flanquée de beaux bâtiments ocre rouge, ornés de balcons en fer forgé et de fresques et coiffés de toits couverts d'ardoise.

PLAN P. 44, E6

M Sol

De sang et de béatification

La Plaza Mayor a été dessinée en 1619 par Juan Gómez de Mora dans le style bien reconnaissable de l'architecte Juan de Herrera, à qui l'on doit notamment L'Escurial (p. 140). Notez les flèches en ardoise, l'élément le plus caractéristique de ce style. La béatification du saint patron de Madrid, San Isidro Labrador (saint Isidore le Laboureur) est la première cérémonie publique qui eut lieu sur la place. Jusqu'en 1878, celle-ci accueillait des courses de taureaux, en général pour célébrer les naissances et les mariages royaux, qui pouvaient réunir jusqu'à 50 000 personnes. La famille royale y assistait depuis les balcons. C'est aussi ici qu'avaient lieu les autodafés (condamnations rituelles des hérétiques durant l'Inquisition) et les exécutions publiques (au garrot au nord de la place et par pendaison au sud).

Real Casa de la Panadería

Les fresques qui recouvrent la **Real Casa de la Panadería** (Plaza Mayor 27) datent de 1992, alors que le bâtiment a, lui, été édifié au XVIIe siècle. Elles sont signées Carlos Franco et furent inaugurées l'année où Madrid était la capitale européenne de la culture. Le peintre a puisé son inspiration dans l'imagerie du zodiaque et le panthéon – remarquez par exemple la déesse Cybèle. L'édifice accueille l'office du tourisme principal de la ville.

Statue équestre de Philippe III

Au centre de la place se dresse une statue de Philippe III (Felipe III) à cheval. C'est sous son règne que fut construite la Plaza Mayor. La statue fut déplacée du parc de la Casa de Campo à la Plaza Mayor en 1848. Elle est rapidement devenue un lieu de rendez-vous classique pour les Madrilènes qui, pour plaisanter, conviennent de se retrouver "sous les bourses du cheval".

★ Bons plans

- La longue histoire de la place est inscrite sur les bancs circulaires qui entourent les lampadaires.
- Le dimanche matin, des marchands de monnaies anciennes et de timbres investissent la place.
- Un marché de Noël s'installe sur la place de fin novembre à début janvier.
- La majorité des bars et des restaurants de la place pratiquent des prix élevés... mieux vaut passer son chemin.

✕ Une petite faim ?

- À l'ouest de la place, le Mercado de San Miguel (p. 47) permet de se restaurer de tapas tout en découvrant une architecture originale.
- Pour goûter à un en-cas typique, échappez-vous par l'angle sud-est de la place et prenez un *bocadillo de calamares* (sandwich garni d'anneaux de calamars frits) à La Ideal (p. 49).

Les incontournables

Découvrir les trésors historiques du Palacio Real

Quand le vieil alcazar maure brûla en 1734, laissant vacant un superbe terrain sur les hauteurs de la ville, Philippe V, premier roi de la dynastie des Bourbons, eut alors l'idée d'un édifice qui surpasserait toutes les résidences des autres monarques. Il ne vécut pas assez longtemps pour le voir achevé, mais cette construction baroque de 3 418 pièces a marqué de manière indélébile le sceau des Bourbons sur Madrid.

PLAN P. 44, B6

www.patrimonionacional.es

Calle de Bailén

Tarif plein/réduit 12/6 €, guide/audioguide 4/5 €

M Sol

Plaza de la Armería

De la Plaza de la Armería (place d'Armes), vous apparaît toute la démesure du palais. De là, le mirador, entre le palais et la cathédrale (p. 47), permet aux visiteurs de voir jusqu'aux montagnes sans avoir à payer l'entrée du palais. Lorsque Philippe II installa la cour à Madrid, il acheta toutes les terres qu'il pouvait embrasser du regard et les belles vues verdoyantes qui s'étendent du Campo de Moro à la Casa de Campo subsistent encore aujourd'hui.

Salón del Trono

Depuis l'extrémité nord de la Plaza de la Armería, l'escalier principal, superbe affirmation du pouvoir souverain, conduit aux appartements royaux, puis au Salón del Trono (salle du Trône), somptueux. Ses murs sont couverts de velours pourpre et le plafond peint est l'œuvre du maître du baroque vénitien Tiepolo, un des artistes favoris du roi Charles III.

Salón Gasparini et Salón de Porcelana

Près de la salle du Trône, la salle Gasparini possède un beau plafond rococo en stuc, ainsi que des murs tapissés de soieries brodées. Dans le salon de Porcelaine, le style est différent mais tout aussi fastueux avec des murs décorés de pièces en porcelaine provenant de l'ancienne manufacture Retiro.

Campo del Moro

Situé sous les **Jardines de Sabatini**, le **Campo del Moro** est plus verdoyant. Tirant son nom d'une tentative des Maures de reprendre la citadelle au XIIe siècle, cette oasis luxuriante est souvent oubliée par les visiteurs. Entrez par le bas pour découvrir ses belles fontaines et ses paons qui se pavanent.

★ À savoir

- Prévoyez d'être sur place à 10h, avant l'arrivée des bus touristiques.
- Pensez à prendre un chapeau et de l'eau si vous vous y rendez l'après-midi en été.
- Une visite guidée ou un audioguide vous permettront de découvrir de nombreux détails sur le palais.

✕ Une petite pause ?

- Les tables extérieures du très raffiné Café de Oriente (p. 50) offrent une vue dégagée sur le palais.
- **El Café de la Ópera** (Calle de Arrieta 6 ; elcafedelaopera.com), qui fait face à l'Opéra de Madrid, vous séduira par son cadre élégant et les chants lyriques qui accompagnent les dîners.

A
B
C
D
E
F
1
2
3
4
0
200 m
Nos adresses
Les incontournables p. 40
Voir p. 46
Se restaurer p. 47
Prendre un verre p. 50
Sortir p. 51
Shopping p. 53
MALASAÑA
CENTRO
Jardines de Ferraz
C de Ferraz
C de la Princesa
Plaza de España
Plaza de España
Plaza de España
C del Maestro Guerrero
C de los Reyes
Noviciado
C de Manzana
C de San Bernardo
Mercado de los Mostenses
C García Molinas
C Parada
C de la Luna
Cuesta de San Vicente
Cuesta de San Vicente
23
Jardines de Sabatini
C de Bailén
C del Río
C del Reloj
C del Fomento
C de la Flor Baja
Gran Vía
C del Marqués de Leganés
C de la Flor Alta
C de los Libreros
C de Silva
Plaza de Santa Maria Soledad
C de Tudescos
C de Isabel la Católica
26
Santo Domingo
Santo Domingo
C de Silva
Plaza de la Marina Española
C de Torija
C Guillermo Rolland
C del Fomento
C de la Encarnación
12
C de la Bola
Plaza de la Encarnación
C de San Quintín
Jardines Cabo Noval
C de Felipe V
Cuesta de Santo Domingo
27
C de Campomanes
Plaza de Santo Domingo
C de Jacometrezo
Callao
Callao
Gran Vía
11
C de Preciados
Costanilla Los Angeles
24
C Conchas
Plaza de San Martín
15

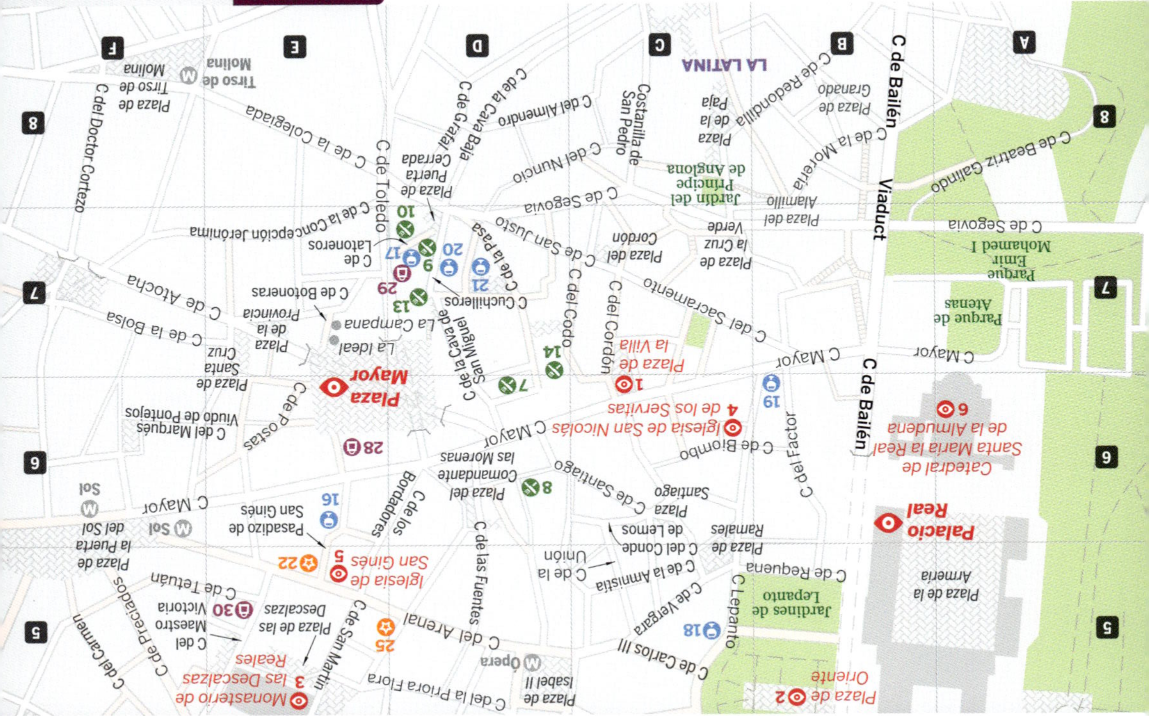
A
B
C
D
E
F
5
6
7
8
Palacio Real
Plaza de la Armería
Catedral de Santa María la Real de la Almudena 6
Plaza de 2 Oriente
Jardines de Lepanto
C Lepanto
C de Requena
C de Bailén
Viaduct
C Mayor
Parque de Atenas
Parque Emir Mohamed I
C de Segovia
C de Beatriz Galindo
C de Carlos III
C de Vergara
C de la Amnistía
C del Conde de Lemos
C de la Unión
Plaza de Ramales
Plaza de Santiago
C de Santiago
Plaza de Isabel II
Ópera
C del Factor
C de Biombo
Iglesia de San Nicolás 4 de los Servitas
Plaza de la Villa
C del Sacramento
C del Cordón
C del Codo
Plaza del Cordón
Plaza de la Cruz Verde
Plaza del Alamillo
C de la Morería
Plaza de Granado
C de Redondilla
Plaza de la Paja
LA LATINA
Jardín del Príncipe de Anglona
Costanilla de San Pedro
C del Nuncio
C del Almendro
C de la Cava Baja
C de Grafal
Plaza de Puerta Cerrada
C de San Justo
C de la Pasa
C Cuchilleros
C de la Cava de San Miguel
Plaza del Comandante las Morenas
C de las Fuentes
C del Arenal
C de la Priora Flora
C de San Martín
Monasterio de 3 las Descalzas Reales
Plaza de las Descalzas
C del Maestro Victoria
C de Preciados
C del Carmen
C de Tetuán
Iglesia de San Ginés 5
Pasadizo de San Ginés
C de los Bordadores
Plaza de la Puerta del Sol
Sol
C del Marqués Viudo de Pontejos
C de Postas
Plaza Mayor
La Ideal
La Campana
Plaza de Santa Cruz
Plaza de la Provincia
C de Botoneras
C de Latoneros
C de la Concepción Jerónima
C de Toledo
C de la Bolsa
C de Atocha
C de la Colegiada
Plaza de Tirso de Molina
Tirso de Molina
C del Doctor Cortezo
1
7
8
9
10
13
14
16
17
18
19
20
21
22
25
28
29
30

Voir

Plaza de la Villa

PLACE

1 PLAN P. 44, C6

Cette place, l'une des plus charmantes de la ville, est bordée sur trois côtés d'édifices représentatifs du *barroco madrileño* (XVIIe siècle), une architecture typique de Madrid. Du côté ouest de la place, la **Casa de Villa**, l'ancien hôtel de ville, également du XVIIe siècle, rappelle le style baroque typique de la dynastie des Habsbourg – remarquez les flèches du toit. L'hôtel de ville actuel occupe le Palacio de Cibeles, sur la Plaza de Cibeles (voir p. 107).

De l'autre côté de la place se dresse la **Casa de los Lujanes**, de style gothique. Sa tour de briques aurait "hébergé" François Ier après sa capture lors de la bataille de Pavie (1525).

On raconte que quand ce glorieux captif défila sur la Calle Mayor, les Madrilènes auraient été plus impressionnés par la superbe tenue du monarque français que par son morne ravisseur, Charles Ier (futur Charles Quint).

Autre bâtiment remarquable, la **Casa de Cisneros** (1537) est de style plateresque (baroque espagnol des XVe et XVIe siècles).

Plaza de Oriente

PLACE

2 PLAN P. 44, B5

Autre lieu phare de la capitale, cette place abrite le palais royal (p. 42), mais aussi des jardins bordés de haies de buis, des cafés chics, des appartements luxueux et le **Teatro Real** (teatroreal.es), l'un des temples de la culture espagnole.

Monastero de las Descalzas Reales

MONASTÈRE

3 PLAN P. 44, E5

Sa sobre façade ne laisse rien deviner des trésors qui se cachent dans ce palais de style plateresque du XVIe siècle. C'est Jeanne d'Autriche, fille de Charles Quint, qui fonda le monastère. La visite guidée en espagnol (obligatoire) emprunte un escalier Renaissance orné de fresques conduisant au cloître, à l'étage. Les fresques de la voûte sont l'œuvre de Claudio Coello, un des chefs de file de l'école de Madrid du XVIIe siècle. Ses peintures ornent également les murs du monastère de l'Escurial (p. 140). (Monastère des Déchaussées royales ; Plaza de las Descalzas 3 ; patrimonionacional.es ; 6 € ; 10h-14h et 16h-18h30 mar-sam, 10h-15h dim et vacances scolaires, gratuit mer-jeu à partir de 16h)

Iglesia de San Nicolás de los Servitas

ÉGLISE

4 PLAN P. 44, C6

Nichée dans la Calle Mayor, cette église est la plus ancienne de Madrid. L'élément le plus frappant est le clocher mudéjar (style architectural maure) restauré du XIIe siècle. Une grande partie de ce qui reste date du XVe siècle. Les voûtes sont de style gothique tardif et le beau plafond à caissons date de la même époque. Attention aux heures d'ouverture, qui ne sont pas toujours fiables.

En dépit de touches plateresques et baroques, l'intérieur se distingue surtout par sa simplicité. Comptant parmi les grands architectes de la Renaissance espagnole, l'architecte Juan de Herrera a été enterré dans la crypte en 1597. (Plaza de San Nicolás 6 ; entrée libre)

Iglesia de San Ginés ÉGLISE

5 PLAN P. 44, E5

Au nord de la Plaza Mayor, l'Iglesia de San Ginés fut construite en 1645 sur les ruines d'une des plus anciennes églises de Madrid – remontant au moins au XIVe siècle. L'édifice actuel date de 1645 mais il a été en grande partie reconstruit après l'incendie de 1824. L'église conserve quelques superbes tableaux, notamment *Le Christ chassant les marchands du Temple* (1614) du Greco, très bien mis en valeur : la vitre est placée à 6 mm de la toile pour éviter les reflets. (Calle del Arenal 13 ; gratuit)

Santa María la Real de la Almudena CATHÉDRALE

6 PLAN P. 44, A6

La construction de la cathédrale débuta en 1879, mais les travaux ne furent achevés qu'au début des années 1990. L'architecture extérieure du sanctuaire est certes en harmonie avec le palais royal, voisin, mais l'intérieur,

Les deux bonus de la cathédrale

Depuis le **Museo de la Catedral y Cúpola** (museo.catedraldelaalmudena.es, tarif adulte/enfant 7/5 €), on peut monter dans le dôme (*cúpula*), d'où la vue sur la ville est exceptionnelle. L'entrée au musée se fait par la porte principale de la cathédrale, face au palais royal. La crypte, néoromane, conserve plus de 400 colonnes, 20 chapelles et de beaux vitraux. On y accède par la Calle Mayor.

démesuré, est singulièrement dénué de charme… (Calle de Bailén ; catedraldelaalmudena.es)

Se restaurer

Mercado de San Miguel TAPAS €

7 PLAN P. 44, D6

Un des plus vieux marchés… et aussi un des plus beaux avec son architecture du XXe siècle alliant fer et verre. L'espace est accueillant : des tables sont disposées çà et là ; et on commande des tapas ou de vrais plats aux différents stands. Le choix est vaste – du caviar au chocolat – et tout est aussi appétissant que les lieux sont animés. Cependant, n'oubliez pas de venir armé de toute votre énergie, car l'endroit est souvent bondé. (Plaza de San Miguel ; mercadodesanmiguel.es)

El miniBAR

TAPAS €

8 PLAN P. 44, D6

Cherchez les jolis pots de fleurs pour trouver ce restaurant de tapas en sous-sol où l'on sert des versions modernes de plats classiques. Le tartare de thon accompagné de guacamole à la mangue est impressionnant, tout comme le blanc de poulet pané avec des sauces à la japonaise. La plupart des plats sont conçus pour être partagés et leur présentation donne envie de les contempler un instant avant de plonger dedans. (Calle Mesón de Paños 1 de San Miguel)

Restaurante Sobrino de Botín

CASTILLAN €€€

9 PLAN P. 44, D7

On n'a pas souvent l'occasion de s'attabler dans le plus ancien restaurant du monde (ouvert en 1725 d'après le *Guinness des records*). Il doit son succès au délicieux *cochinillo asado* (cochon de lait rôti, 26,15 €) et au *cordero asado* (agneau rôti, 27 €) au feu de bois. La cave voûtée constitue un cadre inoubliable pour dîner. (Calle de los Cuchilleros 17 ; botin.es)

Casa Revuelta

TAPAS €

10 PLAN P. 44, D7

Les tapas de *bacalao* (morue) de Casa Revuelta font partie des meilleures de Madrid – ici, les *tajadas de bacalao* sont dépourvues d'arêtes et d'autant plus faciles à déguster. Autres spécialités : les *torreznos* (lard frit), les *callos* (tripes) et les *albóndigas* (boulettes de viande). (Calle de Latoneros 3)

Taberna La Bola

SERGIO RODRIGUEZ_PHOTO/SHUTTERSTOCK ©

Repas et grignotages à l'espagnole...

Vous n'êtes pas encore habitué aux horaires des restaurants et entre deux repas votre ventre crie famine ? Vous allez trouver la solution à votre problème dans de nombreux établissements du centre...

Si vous êtes près de la Plaza Mayor, vous pouvez vous offrir un *bocadillo de calamares*, ce sandwich typique, garni d'anneaux de calamars frits (environ 3 €):

- **Mercado de San Miguel** (p. 47). Tapas servies toute la journée.
- **La Campana** (voir plan p. 44, E7 ; Calle de Botoneras 6). *Bocadillos de calamares.*
- **La Ideal** (voir plan p. 44, E7 ; Calle de Botoneras 4). *Bocadillos de calamares.*

Gourmet Experience SUR LE POUCE **€€**

11 PLAN P. 44, E4

Au 9e et dernier étage du grand magasin El Corte Inglés, vivez une savoureuse expérience gustative au centre de Madrid. Tapas hors classe, cuisine mexicaine et burgers gourmands : ce que servent les nombreux comptoirs est excellent et la vue tout aussi fabuleuse. Cherchez une place donnant sur la Plaza del Callao et la Gran Vía. (Plaza del Callao 2, 9e ét. ; elcorteingles.es/aptc/gourmet-experience)

Taberna La Bola ESPAGNOL **€€**

12 PLAN P. 44, C4

Le succès de la Taberna La Bola ne faiblit pas depuis son ouverture en 1870. Tenue par la famille Verdasco depuis six générations, elle est aujourd'hui encore appréciée pour sa cuisine madrilène traditionnelle. C'est l'adresse idéale pour déguster un *cocido a la madrileña* (ragoût de viande et pois chiches ; 21 €) dans une ambiance typique. (Calle de la Bola 5 ; labola.es)

Taberna La Daniela ESPAGNOL **€€€**

13 PLAN P. 44, D7

Si la qualité des tapas et la variété des produits locaux suffisent pour franchir les portes de la Taberna La Daniela, notre coup de cœur revient au *cocido a la madrileña* (24,60 €), le meilleur de la ville selon les amateurs, et ce, depuis des décennies. (Calle de los Cuchilleros 9 ; tabernadeladaniela.com)

Amicis ESPAGNOL **€€**

14 PLAN P. 44, D7

Cuisine traditionnelle espagnole, mais avec une touche d'originalité : essayez les *huevos rotos* (œufs frits) au *jamón ibérico* et aux truffes. Réservez une table à

Spécialités locales

Outre le *cocido a la madrileña*, sorte de potée à la viande et aux pois chiches, la **Taberna La Bola** (p. 49) propose d'autres spécialités madrilènes comme les *callos* (tripes) ou la *sopa castellana* ("soupe castillane", à l'ail).

l'extérieur pour profiter de la vue sur le Mercado San Miguel. Le service est sympathique et rapide, et les cocktails sont des petites merveilles d'inventivité. (Plaza del Conde de Miranda 4 ; amicisrestaurants.com)

El Pato Mudo

ESPAGNOL €€

15 PLAN P. 44, D4

Les habitants du quartier y viennent pour les plats de riz, aussi bons qu'abordables. Parmi les spécialités : riz noir à l'encre de seiche, soupe de riz, *paella valenciana* et paella aux fruits de mer. Servies directement dans le poêlon, elles se marient bien aux vins locaux. (Calle Costanilla de los Ángeles 8)

Prendre un verre

Chocolatería de San Ginés

CAFÉ

16 PLAN P. 44, E6

Une véritable institution madrilène. Si le spécialiste du *chocolate con churros* accueille des touristes durant la journée, c'est à la fermeture des discothèques que les habitants de la ville viennent s'y régaler, et ce jusqu'à l'aube. (Pasadizo de San Ginés 5 ; chocolateriasangines.com)

El Madroño

BAR

17 PLAN P. 44, D7

Typiquement madrilène, la célèbre liqueur d'arbousier (*madroño*) est ici servie dans des tasses comestibles en gaufrettes au chocolat. Les carreaux de faïence derrière le bar retracent l'histoire de l'iconographie de l'arbousier, qui figure sur les armoiries de la ville. Chose rare à Madrid, les boissons sont servies avec des tapas gratuites. (Calle de Latoneros 10)

Café de Oriente

CAFÉ

18 PLAN P. 44, C5

La terrasse de ce café fait partie des lieux les plus chics du centre de Madrid, et pour cause : les tables sont installées directement sur la jolie Plaza de Oriente, avec le magnifique palais royal en toile de fond. Le rez-de-chaussée du bâtiment faisait autrefois partie d'un monastère du XVIIe siècle, disparu depuis longtemps. (Plaza de Oriente 2 ; cafedeoriente.es)

Casa Ciriaco

ESPAGNOL

19 PLAN P. 44, B6

Adresse incontournable de Madrid, la Casa Ciriaco a été le théâtre d'une tentative d'assassinat (contre le roi Alphonse XIII en 1906) et a été immortalisée par l'écrivain espagnol Valle-Inclán, qui y a situé une partie de son roman *Luces de Bohemia*. Vous pourrez prendre un vrai repas à l'arrière si vous le souhaitez, mais on apprécie son bar animé, idéal pour prendre un verre accompagné d'une tapa gratuite correcte. (Calle Mayor 84 ; casaciriaco.es)

Bodegas Ricla

BAR

20 PLAN P. 44, D7

Depuis plus d'un siècle, on sert dans ce minuscule établissement de savoureuses tapas ainsi que des millésimes de la région : vins rouges, blancs, rosés, *cavas* et vermouth. L'intérieur semble ne jamais avoir changé : fûts en terre cuite à l'ancienne et murs tapissés de photos de tauromachie. (Calle de los Cuchilleros 6)

Plaza Menor

BAR À COCKTAILS

21 PLAN P. 44, D7

Des gâteaux fantastiques, accompagnés de cocktails merveilleux, le tout servi dans une grotte fréquentée par les habitants bien avisés. Tapas de bonne qualité. (Calle de Gómez de Mora 3)

Sortir

Teatro Joy Eslava

LIVE MUSIC

22 PLAN P. 44, E5

Installée dans un beau théâtre du XIXe siècle, cette institution ne désemplit pas et ne ferme jamais (elle aurait été ouverte tous les soirs depuis 1981). La musique est éclectique, et la file d'attente, toujours longue. (Calle del Arenal 11 ; teatroeslava.com)

Las Tablas

FLAMENCO

23 PLAN P. 44, B2

Las Tablas est réputé pour son flamenco de qualité et ses prix raisonnables. C'est sans doute une des meilleures adresses de la ville. Un spectacle (chant et danse) est programmé presque chaque soir. Antonia Moya et Marisol Navarro, stars du flamenco, s'y produisent régulièrement. (Plaza de España 9 ; lastablasmadrid.com)

Café Berlin

JAZZ

24 PLAN P. 44, D4

Le Berlín est un pilier du jazz à Madrid depuis les années 1950, mais on peut aussi y écouter flamenco, R&B, soul, funk et fusion. Vérifiez l'heure de passage des têtes d'affiche sur Internet (généralement 23h, mais parfois avancée à 21h). Sa programmation est l'une des plus fournies de la capitale espagnole. (Costanilla de los Ángeles 20 ; berlincafe.es)

La Coquette Blues

MUSIQUE LIVE

25 PLAN P. 44, E5

Dans la chaleur de sa cave de briques, le meilleur bar blues de Madrid, ouvert dans les années 1980, propose des concerts à partir 22h30 presque tous les

Les marchés de Madrid

Mercado de San Miguel (p. 47)
Ce marché couvert fut le premier de Madrid où il fut possible non seulement de faire ses courses, mais aussi de se restaurer. L'idée était de pouvoir entrer et s'acheter, par exemple, un petit cornet de saucisses ibériques à déguster tout en vagabondant. Ce fut un énorme succès : alors qu'ils étaient autrefois en difficulté, les marchés sont redevenus des lieux de vie animés, notamment les vendredi et samedi soir.

Mercado de los Mostenses (voir plan p. 44, D2)
Ce qu'il y a de bien avec le Mercado de los Mostenses, c'est que c'est l'un des marchés encore peu connus de Madrid, alors qu'il est pourtant en plein cœur de la ville, caché derrière la Gran Via. J'aime particulièrement manger au Bar Verdiblanco. Le patron, Juanjo, cuisine avec des produits frais qu'il achète chaque matin sur le marché. Tous les gens qui travaillent dans le quartier semblent se donner rendez-vous ici, ce qui est plutôt bon signe quant à la qualité de la cuisine.

Mercado de la Cebada (voir plan p. 62, C3)
Le samedi matin, les poissonniers proposent leurs poissons à manger, généralement du saumon ou du thon coupé en tranches et arrosé d'huile d'olive, directement sur le marché. C'est un endroit animé, particulièrement appréciable pour un *aperitivo* (un en-cas rapide de milieu de matinée).

Mercado de San Fernando (voir plan p. 62, F5)
Voici un endroit qui convient bien lorsque l'on a des enfants grâce à sa grande zone ouverte où ils peuvent jouer. Vous y trouverez aussi un excellent restaurant à paellas, ainsi que le premier bar à vins naturels de Madrid : Bendito, Vinos y Vinilos.

Mercado de Antón Martín (voir plan p. 62, H3)
Ce marché a bien les deux aspects du marché moderne : des adresses exceptionnelles où se restaurer, mais aussi des étals où faire ses courses. Il est surtout connu pour les sushis de Yoka Loka et pour le Doppelgänger, tenu par le chef Samy Alí Rando, qui travaillait dans un restaurant étoilé au Michelin avant de venir s'installer ici pour proposer sa cuisine au grand public.

Recommandé par Amy Bingham,
copropriétaire et guide chez Walk and Eat Spain.
@walkandeatspain

soirs. Les jam-sessions dominicales sont légendaires. L'ambiance est toujours très conviviale. (Calle de las Hileras 14)

Shopping

Antigua Casa Talavera

CÉRAMIQUES

26 PLAN P. 44, D3

Derrière l'extraordinaire façade carrelée de cette boutique ancienne se cache une véritable caverne d'Ali Baba. Ici, pas de production massive pour touristes mais des céramiques espagnoles réalisées par des potiers andalous ou de Talavera de la Reina. On y trouve aussi bien des objets décoratifs (carreaux de faïence) que des articles de cuisine (assiettes, cruches...). (Calle de Isabel la Católica 2 ; antiguacasatalavera.com)

Desperate Literature

LIBRAIRIE

27 PLAN P. 44, D4

Desperate Literature vend principalement des romans en anglais, mais la librairie a aussi des titres en espagnol et en français. Dans cet espace minuscule, la boutique dispose d'un bon fonds, et elle accueille régulièrement des lectures et des rencontres. Terry Craven, le sympathique propriétaire, est toujours là pour offrir ses conseils. (Calle Campomanes 13 ; desperateliterature.com)

Casa Yustas

CHAPEAUX

28 PLAN P. 44, E6

Situé dans la fraîcheur des arcades de la Plaza Mayor, ce modeste magasin de chapeaux n'a quasiment pas changé depuis son ouverture en 1886. Panamas, casquettes et bérets sont exposés dans de belles étagères en bois poli. (Plaza Mayor 30 ; casayustas.com)

Casa Hernanz

ESPADRILLES

29 PLAN P. 44, D7

L'été, les Espagnols – y compris le roi – ont l'habitude de chausser de confortables *alpargatas* (espadrilles). Vous pourrez en acheter une paire dans ce modeste mais réputé atelier, qui fabrique à la main ses espadrilles (10-50 €) depuis cinq générations. Il est même possible de les faire faire sur mesure. (Calle de Toledo 18)

Maty

FLAMENCO

30 PLAN P. 44, E5

En se promenant dans le centre de Madrid, on se rend vite compte que la plupart des robes de flamenco sont en fait des imitations destinées aux touristes. Heureusement, il reste des boutiques comme Maty. Ici, robes, chaussures et accessoires sont proposés en taille adulte et enfant. Les articles sont authentiques et les prix s'en ressentent, mais ils font d'excellents souvenirs. (Calle del Maestro Victoria 2 ; maty.es)

Promenade à pied

Déambulation architecturale

*Si Madrid n'a ni tour Eiffel, ni Colisée, ni Sagrada Família, l'architecture de sa vieille ville n'a rien à envier à Paris, Rome ou Barcelone. Cette promenade est une proposition d'itinéraire pour découvrir des merveilles d'architecture, qui vont du style baroque madrilène (*barroco madrileño*) jusqu'aux XIXe et XXe siècles.*

Comment s'y rendre

M Départ proche de la station Ópera (lignes 2 et 5), ou station Sol (lignes 1, 2 et 3)

M Arrivée près de la station Atocha Renfe (ligne 1)

❶ Plaza de la Villa

Cette petite place (p. 46) est entourée de très beaux bâtiments datant du XVIIe siècle. Remarquez les façades en brique et les flèches en ardoise caractéristiques du *barroco madrileño*.

❷ Plaza de Oriente

Commandez un café pour vous installer à la terrasse du **Café de Oriente** (p. 50) et pouvoir admirer la magnificence du **Teatro Real** (p. 46) et du **Palacio Real** (p. 42), qui s'élèvent derrière la statue équestre de Felipe IV.

❸ Plaza de España

Cette place est dominée à l'est par l'Edificio de España. Au nord, la Torre de Madrid, haute de 35 étages, est un autre point de repère dans le paysage madrilène.

❹ Gran Vía

L'emblématique Gran Vía est jalonnée d'imposantes façades Belle Époque. Impossible de manquer l'immeuble Carrión, premier hôtel-résidence installé dans une tour à Madrid ; le bâtiment élancé de la **Telefónica** (espacio.fundaciontelefonica.com), construit dans les années 1920 et d'où des tirs partirent pendant la guerre civile ; et l'**Edificio Metrópolis** (p. 80) conçu en 1910 par des architectes français.

❺ Plaza de Cibeles

Le plus beau rond-point de Madrid (voir aussi p. 107) rend hommage à l'architecture du début du XXe siècle. Il est dominé par d'imposants édifices : le Palacio de Comunicaciones (1917), le Palacio de Linares, le Palacio Buenavista et le bâtiment de la Banco de España (1891).

❻ Musée du Prado

Le bâtiment qui abrite le célèbre **musée** (p. 90) est un chef-d'œuvre de l'architecture. Son aile ouest a été dessinée par Juan de Villanueva, une figure majeure de l'Espagne du XVIIIe siècle et un des principaux architectes de la capitale.

❼ Caixa Forum

Située le long du Paseo del Prado, la **Caixa Forum** (p. 108) est sans doute l'édifice contemporain le plus original de la capitale, avec son "jardin vertical", son absence apparente de piliers et sa surprenante toiture en acier.

❽ Antigua Estación de Atocha

En 1992, l'aile nord-ouest de la gare d'Atocha a fait l'objet d'une superbe rénovation. La magnifique structure du XIXe siècle en fer et en verre a été conservée et un jardin tropical intérieur baigné de lumière a été créé.

Vue aérienne

Pour les meilleures vues aériennes sur la ville, direction le **360° Rooftop Bar** (riu360rooftopbar.com), au 27e étage de l'Edificio España.

Vaut le détour

Admirer le génie de Goya à l'Ermita de San Antonio de la Florida

Autrefois un simple ermitage, l'Ermita de San Antonio de la Florida figure aujourd'hui parmi les meilleurs musées d'art de Madrid. La chapelle renferme des œuvres qui furent peintes par Goya en 1798 à la demande du roi Charles IV. C'est l'un des rares endroits où il est possible de voir les chefs-d'œuvre de Goya dans leur cadre originel. Le bâtiment abrite également la tombe du grand peintre.

www.patrimonionacional.es/visita/ermita-de-san-antonio-de-la-florida

Glorieta de San Antonio de la Florida 5

Gratuit

Le miracle de saint Antoine

Les personnages de la coupole représentent le miracle de saint Antoine. Le saint, né à Lisbonne, apprit par inspiration divine que son père avait été injustement accusé de meurtre. Il fut alors miraculeusement transporté dans sa ville du nord de l'Italie, où il tenta – en vain – de convaincre les juges de l'innocence de son père. Il exigea ensuite que le corps de la victime soit placé devant les juges. L'œuvre de Goya représente le moment où le saint ordonne au cadavre de se lever et aux juges d'innocenter son père.

Le peuple du XVIIIe siècle

La foule madrilène qui entoure le saint est tout aussi intéressante que la scène du miracle en lui-même. Il était habituel dans de telles fresques que des anges et des chérubins apparaissent sur la coupole, au-dessus de l'activité terrestre. Goya, lui, plaça l'humain aux côtés du divin.

Tombeau de Goya

Le peintre est enterré devant l'autel. Ses restes furent transférés en 1919 depuis Bordeaux, où il mourut en 1828 durant son exil volontaire. Étonnamment, il manquait une partie importante du squelette exhumé à Bordeaux : son crâne.

Dans les environs

En montant la colline depuis l'ermitage, on arrive à un temple égyptien, le **Templo de Debod** (Paseo del Pintor Rosales ; gratuit), érigé au beau milieu du Parque del Oeste. En fait, il fut sauvé des eaux du lac Nasser (Égypte) lors de la construction du barrage d'Assouan. En 1968, l'Égypte en fit cadeau à l'Espagne et il fut envoyé à Madrid bloc par bloc, pour remercier les archéologues espagnols de l'Unesco qui avaient œuvré pour la sauvegarde du patrimoine égyptien.

★ À savoir

- Renseignez-vous sur les horaires, qui diffèrent souvent de ceux affichés, surtout en juillet-août.
- La foule est moins dense le matin à l'ouverture.

✕ Une petite faim ?

- **Casa Mingo** (Paseo de la Florida 34 ; casamingo.es) est installé à côté de l'ermitage et sert du *pollo asado* (poulet grillé) accompagné de cidre.
- Le Campo del Moro (p. 43) est agréable pour pique-niquer.

★ S'y rendre

- Pour vous y rendre, prenez le métro jusqu'à la station Príncipe Pío (lignes 6 et 10) puis marchez environ 10 minutes vers le nord-ouest, le long du Paseo del Florida.

Explorer

La Latina et Lavapiés

Les ruelles de La Latina, typique du Vieux Madrid, abritent de magnifiques églises, d'excellents bars à tapas, en particulier dans la charmante Calle de la Cava Baja, et de jolies petites boutiques. En bas de la colline, le quartier multiculturel Lavapiés est l'un des plus anciens de la ville.

À ne pas manquer

- ***El Rastro (p. 61)*** *Le dimanche matin, mêlez-vous à la foule entre les étals d'un marché aux puces réputé.*
- ***Basílica de San Francisco El Grande (p. 64)*** *Sous l'un des plus grands dômes d'église se cachent des œuvres de Goya... Soyez observateur !*
- ***Plaza de la Paja (p. 64)*** *Cette place marquait autrefois l'entrée du quartier maure : La Morería.*
- ***Calle de la Cava Baja (p. 65)*** *Pour une soirée "vino y tapas" mémorable !*
- ***Corral de la Morería (p. 69)*** *Laissez-vous emporter par les rythmes flamencos lors d'un concert dans l'une des salles les plus prestigieuses de la capitale.*

Comment s'y rendre et circuler

M On peut venir à pied depuis la Plaza Mayor (une balade facile et agréable). La station La Latina (ligne 5) occupe un emplacement judicieux pour rallier les bars à tapas de La Latina comme le marché aux puces d'El Rastro. La station Tirso de Molina (ligne 1) est également pratique. Si vous ne visitez que Lavapiés ou si grimper jusqu'à La Latina ne vous intimide pas, optez pour la station Lavapiés (ligne 3).

Plan du quartier p. 62

El Rastro (p. 61) KIM WILLEMS/SHUTTERSTOCK ©

Un dimanche au Rastro

Arpenter El Rastro le dimanche est une institution dans la capitale. Considéré comme l'un des plus grands marchés aux puces d'Europe, El Rastro est aussi le prélude à un après-midi sous le signe de la dégustation avec, au programme, "vermut" et tapas dans les bars de La Latina. Joignez-vous à la foule des habitants et devenez madrilène durant quelques heures !

La promenade

Départ El Rastro ; La Latina

Arrivée Delic ; La Latina

Distance 2 km

Durée 2-3 heures

❶ El Rastro

On peut facilement passer tout le dimanche matin à se frayer un chemin dans la Calle de la Ribera de los Curtidores, qui accueille **El Rastro**. Vêtements bon marché, vieux disques de flamenco, photos anciennes de Madrid, imitations de sacs de marque, T-shirts grunge, bijoux artisanaux et articles ménagers abondent. On trouve parfois de véritables trésors dans tout ce bric-à-brac.

❷ Calle de la Cava Baja

Dimanche, 13h, dans un bar bondé de la Calle de la Cava Baja : c'est *la hora del vermut* ("l'heure du vermouth"). Se réunir en famille ou entre amis autour d'un apéritif après El Rastro est une tradition profondément ancrée dans la culture madrilène. Les bars sont nombreux dans la **Calle de la Cava Baja** et ses alentours – voir aussi p. 65 et p. 66.

❸ Juana La Loca

Vous cherchez la meilleure *tortilla de patatas* de Madrid ? Bien des habitants vous conseilleront cette adresse. **Juana La Loca** (p. 65) propose une grande variété de tapas, et surtout, la fameuse omelette espagnole aux pommes de terre dans une version succulente, moelleuse à souhait.

❹ Almendro 13

L'Almendro 13 (Calle del Almendro 13) est une *taberna* populaire où l'on apprécie les tapas pour leurs qualités gustatives sans fioritures. Charcuterie, fromage et omelettes dominent la carte. Les *huevos rotos* (littéralement "œufs cassés"), servis avec du *jamón* (jambon) et de fines rondelles de pommes de terre, sont un délice.

❺ Casa Lucas

La **Casa Lucas** (p. 65) propose des tapas traditionnelles en versions revisitées. Vaste choix de tapas et de *raciones* (portions plus grandes). La carte change régulièrement, au fil des idées du chef ; la carte des vins est soignée.

❻ Plaza de San Andrés

Quand une bonne partie des promeneurs quittent le quartier pour rentrer à la maison ou aller se balader dans le Parque del Buen Retiro (p. 104), les autres se retrouvent **Plaza de San Andrés**. Au coucher du soleil, la lumière s'adoucit, les percussions commencent à retentir et la foule se met à danser.

❼ Delic

Le **Delic** (Costanilla de San Andrés 14 ; delic.es), bar bien établi, est tout un poème. Il n'y a rien de plus délicieux que de s'y asseoir en terrasse un soir d'été pour siroter son excellent mojito (8 €) sur l'une des plus jolies places de la capitale.

A
B
C
D
1
2
3
4
5
6
C Mayor
Plaza Mayor
C de Bailén
C del Sacramento
Plaza del Conde de Barajas
C de la Pasa
C de Toledo
Plaza del Cordón
C de San Justo
Plaza de Puerta Cerrada
C de la
Plaza del Alamillo
Jardín del Príncipe de Anglona
C de Segovia
Posada del León de Oro
C de Grafal
Plaza de Segovia Nueva
C de la Morería
C de Alfonso VI
Plaza de la Paja
2
Costanilla de San Pedro
25
Posada de la Villa
4
Colegiata de San Isidro
18
22
C del Almendro
Restaurante Julián de Tolosa
Casa Lucas
9
Museo de San Isidro
C de Yeseros
C de Redondilla
3
16
11
7
C de la Cava Baja
C de los Estudios
Plaza de San Andrés
C de la Cava Alta
C de Don Pedro
Plaza de la Cebada
Plaza de la Cebada
Carrera de San Francisco
C de San Isidro Labrador
6
C de Humilladero
Mercado de la Cebada
La Latina
Plaza de San Francisco
LA LATINA
Plaza de Cascorro
26
15
1
C de Ruda
C de los Embajadores
23
Basílica de San Francisco El Grande
C de Luciente
27
C del Ángel
C del Mediodia Grande
Bar Santurce
Aceitunas Jiménez
C de Santa Ana
C de Calatrava
C de Aguila
C de las Amazonas
Plaza General Vara del Rey
Gran Vía de San Francisco
C de la Paloma
C Mira el Río Alta
EL RASTRO
C de Toledo
C del Carnero
El Rastro
C de Rodas
C de la Ribera de los Curtidores
24
C de Capitan San Martinez
C Arganzuela
C Mira el Río Baja
C de Carlos Arniches
Ronda de Segovia
C Mira el Sol
Glorieta de Puerta de Toledo
Puerta de Toledo
Plaza Campillo del Mundo Nuevo
Paseo de los Pontones
Ronda de Toledo
C de Toledo
Paseo de los Olmos
Jardín del Rastro
20

E
F
G
H
0
200 m
1
2
3
4
5
6
C de la Bolsa
C de Atocha
C de la Cruz
Plaza de Jacinto Benavente
Plaza de Santa Ana
Plaza del Ángel
C del Prado
C de las Huertas
HUERTAS
oncepción Jerónima
C del Conde de Romanones
C del Doctor Cortezo
C de los Relatores
C de Luiz Vélez de Guevera
C de Atocha
C de Cañizares
Antón Martín
C de León
Antón Martín
C de la Colegiada
Tirso de Molina
Plaza de Tirso de Molina
C de la Magdalena
uque de Alba
C de la Cabeza
C de la Torrecilla del Leal
17
C de Atocha
5
Mercado de Antón Martín
C del Calvario
C del Olmo
de Juanelo
C de la Encomienda
C de Jesús y María
C de Ministriles
C del Ave María
21
C Tres Peces
C de Santa Isabel
12
C de las dos Hermanas
C de San Carlos
C de Abades
19
C de Lavapiés
C del Olivar
C del Ave María
C de Primavera
LAVAPIÉS
C del Oso
C de Zurita
C de Salitre
C de Cabesteros
C de Mesón de Paredes
8
C del Amparo
Plaza de Lavapiés
C de la Fé
C de los Embajadores
C del Sombrete
Lavapiés
13
C de Argumosa
14
C de Tribulete
C de Valencia
Mercado de San Fernando
C de la Sombrería
C de Santiago Verde
C de Ventorritto
C del Casino
C de los Embajadores
C Provisiones
C de Miguel Servet
C de Mesón de Paredes
Ronda de Toledo
Nos adresses
Voir p. 64
Se restaurer p. 65
Prendre un verre p. 66
Sortir p. 68
Shopping p. 70

Voir

Basílica de San Francisco El Grande ÉGLISE

1 PLAN P. 62, A3

Surplombant l'angle sud-ouest du quartier de la Latina, cette imposante basilique baroque est une des plus belles églises de Madrid. Le dôme, tapissé de magnifiques fresques, possède des dimensions impressionnantes, (56 m de hauteur pour 33 m de diamètre). (Plaza de San Francisco 1 ; tarif plein/réduit 5/3 €)

San Francisco El Grande

Parmi ses points forts, citons la Capilla de San Bernardino (dont la fresque centrale est une œuvre de jeunesse de Goya), de style néo-plateresque, le musée (qui expose des œuvres d'art de Francisco Zurbarán et de Francisco Pacheco, le beau-père et maître de Vélasquez) et la jolie *sillería* (ensemble de stalles en noyer sculptées), de style Renaissance dans la sacristie.

L'entrée de la Basílica de San Francisco El Grande est gratuite durant l'office du matin, mais le musée est alors inaccessible et les chapelles (et donc le tableau de Goya) ne sont pas éclairées.

Plaza de la Paja PLACE

2 PLAN P. 62, B2

Derrière l'église de San Andrés, la charmante Plaza de la Paja s'insinue dans le dédale des ruelles qui constituaient autrefois le quartier musulman de Madrid. Aux XIIe et XIIIe siècles, les fermiers y apportaient une part de leur récolte pour l'évêque, dont la chapelle trône en haut de la place. De l'autre côté, se trouve le **Jardín del Príncipe Anglona**, un jardin clos dont l'arrangement date du XVIIIe siècle, avec ses allées de brique d'origine.

Museo de San Isidro MUSÉE

3 PLAN P. 62, B3

C'est à l'emplacement de cet accueillant musée que saint Isidore le Laboureur (San Isidro Labrador), saint patron de Madrid, finit ses jours vers 1172. On peut notamment y voir une grande maquette d'après le fameux plan de Madrid réalisé en 1656 par Pedro Teixeira, ainsi que le "puits miraculeux" dans lequel le fils du saint serait tombé et que ce dernier aurait sauvé de la noyade en faisant monter l'eau. (Plaza de San Andrés 2 ; madrid.es/museosanisidro)

Colegiata de San Isidro ÉGLISE

4 PLAN P. 62, D2

Visible à travers les arches de la Plaza Mayor, cette basilique de style baroque, bâtie au XVIIe siècle par les Jésuites, fut la cathédrale de Madrid jusqu'à l'achèvement de la Catedral de Santa Maria la Real de la Almuneda en 1992. Elle

Calle de la Cava Baja

La Calle de la Cava Baja est une des rues de Madrid où vous mangerez les meilleures tapas. Nous vous recommandons de commencer votre tournée à la **Casa Lucas** (plan p. 62, C2 ; Calle de la Cava Baja 30 ; casalucas.es), la **Taberna Txakolina** (p. 66) ou **Posada del León de Oro** (plan p. 62, C2 ; Calle de la Cava Baja 12 ; posadadelleondeoro.com).

L'**Almendro 13** (p. 61) et **Juana La Loca** (ci-dessous) se trouvent non loin de là et valent bien le petit détour.

Si vous souhaitez dîner assis de manière plus conventionnelle, de retour Calle de la Cava Baja, rendez-vous à la **Casa Lucio** (ci-dessous), à la Posada de la Villa (plan p. 62, C2 ; Calle de la Cava Baja 9 ; posadadelavilla.com) ou au **Restaurante Julián de Tolosa** (plan p. 62, C2 ; Calle de la Cava Baja 18 ; juliandetolosa.com), des établissements dont la réputation à Madrid n'est plus à faire depuis longtemps.

est toujours connue des habitants comme la Catedral de San Isidro. L'autel renferme la tombe du saint patron de Madrid, qui est ouverte à de très rares occasions pour exposer ses restes momifiés, très bien conservés. (Calle de Toledo 37)

Se restaurer

Sincio Madrid — CANTABRE €€

5 PLAN P. 62, H3

Pour des spécialités espagnoles revisitées avec créativité, direction cet ancien étal de marché. Nous avons particulièrement apprécié les nouilles *fideuá* accompagnées de jambon ibérique et servies dans une poêle brûlante, ainsi que les *langostinos crujientes* : d'énormes brochettes de crevettes frites servies avec une sauce hoisin et un aïoli au citron vert. Gardez une place pour le gâteau au fromage blanc coulant. (Calle de Santa Isabel 5 ; sinciomadrid.com)

Juana La Loca — TAPAS €€

6 PLAN P. 62, B3

Juana La Loca sert une grande variété de tapas, et des plats à la carte préparés à la demande. Tout est délicieux ici, mais en particulier la *tortilla de patatas* avec des oignons caramélisés. (Plaza de la Puerta de Moros 4 ; juanalaloca.es)

Casa Lucio — ESPAGNOL €€€

7 PLAN P. 62, C3

Une adresse incontournable à Madrid. Les habitants y sont fidèles depuis 1974 pour son atmosphère raffinée, ses ingrédients de qualité et sa cuisine familiale. Les œufs sont sa spécialité, mais la carte comporte aussi un grand nombre de viandes grillées. Lors des Fiestas de San Isidro Labrador, on sert du *rabo de toro* (queue de taureau) arrosé de rioja (vin rouge). (Calle de la Cava Baja 35 ; casalucio.es)

La Teranga

AFRICAIN €

8 PLAN P. 62, F4

Lavapiés est l'occasion de découvrir la cuisine de l'importante communauté sénégalaise qui y est installée. La Teranga propose un délicieux mafé, plat à base d'arachides, ainsi que des *fataya*, pâtisseries frites accompagnées d'une sauce épicée. Très beau choix de jus de fruits, avec par exemple du baobab et de l'hibiscus. (Calle de Caravaca 12)

Taberna Txakolina

TAPAS €€

9 PLAN P. 62, C2

La Taberna Txakolina qualifie ses *pintxos* (tapas basques) de "haute cuisine miniature". Ici, les tapas sont alignées dans toute leur splendeur sur le bar, comme au Pays basque, et vous n'avez qu'à montrer votre choix du doigt. Accompagnez-le d'un *txacoli*, un vin blanc basque pétillant. (Calle de la Cava Baja 26)

Festival Tapapiés

En automne, les rues de Lavapiés se remplissent de Madrilènes voulant profiter de ce festival, qui élève les tapas au rang d'art. Dix jours durant, les bars et restaurants du quartier rivalisent d'imagination pour proposer des tapas créatives, qui sont servies avec de petites bouteilles de bière au prix minime de 3 €.

Prendre un verre

Café Pavón

CAFÉ

10 PLAN P. 62, D4

En journée, le bar de ce théâtre Art déco est prisé de la population locale qui désire siroter un café dans une atmosphère détendue. Le décor est magnifique, du plafond tout en bois des années 1920 au bar des années 1950. Le soir, il est pris d'assaut par les spectateurs du théâtre. (Calle de Embajadores 9 ; cafepavon.es)

Taberna El Tempranillo

BAR À VINS

11 PLAN P. 62, C3

C'est surtout pour les vins que l'on vient ici. Beaucoup sont vendus au verre et le choix est tel que nombre de bars espagnols font pâle figure à côté. L'établissement ferme assez tôt, mais il est bondé en début de soirée, ainsi que le dimanche après-midi après El Rastro. (Calle de la Cava Baja 38)

La Burlona Bar

BAR À COCKTAILS

12 PLAN P. 62, H4

Un sympathique petit bar à cocktails, installé dans un élégant sous-sol, où une clientèle jeune et tendance fait la fête sous un plafond voûté en briques. La carte est réduite, mais le barman est toujours

Les tapas, qu'est-ce que c'est ?

Pour beaucoup, les tapas sont emblématiques d'une certaine convivialité, alliée à la gourmandise, et typiquement hispaniques... Si les adeptes de la paella ont des arguments à revendre, l'infinie variété des tapas l'emporte !

Tout peut être servi sous forme de tapas, de la poignée d'olives à la tranche de *jamón* sur du pain en passant par la *tortilla de patatas* (omelette aux pommes de terre). Pour les chefs espagnols, ces hors-d'œuvre et mises en bouche constituent un immense terrain de jeu pour exprimer leur créativité. Elles sont un moyen de renouveler leur fidélité aux saveurs traditionnelles tout en explorant de nouvelles pistes.

Parce qu'elles tirent parti de petits "riens", les tapas rappellent le Madrid pauvre des siècles passés. Elles réinventent les grands classiques tout en devenant la marque de fabrique d'un pays confiant, en marche vers l'avenir.

Tapas sur les marchés de Madrid

Bien qu'ils aient perdu en fréquentation au profit des supermarchés au début des années 1990, les marchés intérieurs de Madrid se sont réinventés pour devenir des lieux animés le week-end, attirant une foule venant *tapear*, c'est-à-dire passer d'étal en étal pour déguster les différentes tapas proposées en prenant un verre.

N'importe quel Madrilène vous le dira : même s'ils ne sont pas aussi beaux, les marchés de La Latina et de Lavapiés battent de loin le Mercado San Miguel en termes de créativité culinaire et de tarifs.

Le marché le plus ancien est le **Mercado de San Fernando** (plan p. 62, F5 ; Calle de Embajadores 41 ; mercadodesanfernando.es), à Lavapiés, où l'on peut flâner et commander des tacos, de la nourriture végane ou des tapas espagnoles plus traditionnelles à des étals installés à côté des maraîchers et des bouchers.

Sur la colline, le **Mercado de Antón Martín** (plan p. 62, H3 ; Calle de Santa Isabel 5 ; mercadoantonmartin.com) offre une ambiance tout aussi animée, mais outre les étals de tapas, il abrite des petits restaurants, tels que le **Sincio Madrid** (p. 65), pour un "vrai" dîner.

Le samedi midi, nombreux sont ceux qui se rendent au **Mercado de la Cebada** (plan p. 62, C3 ; Plaza de la Cebada ; mercadodelacebada.com), où poissons et fruits de mer sont mis à l'honneur, avec les poissonniers qui proposent des sashimis de thon frais, du poulpe, des moules et des crevettes à emporter et accompagnés de bière en canette ou de vin en gobelet plastique.

Sardines et marché aux puces

Un des rituels madrilènes est d'aller déguster des *sardinas a la plancha* (sardines grillées) au **Bar Santurce** (plan p. 62, D4 ; Plaza General Vara del Rey 14 ; barsanturce.com) après s'être baladé au Rastro. Il est parfois difficile d'accéder au bar ! À côté, la petite boutique **Aceitunas Jiménez** (plan p. 62, D4 ; Plaza General Vara del Rey 4) est aussi très fréquentée ; on y vend des olives et des légumes au vinaigre – notamment des aubergines et des gousses d'ail –, servis dans des gobelets.

ravi de satisfaire à vos envies et de relever les défis. Prix élevés, mais qualité excellente. (Calle de Santa Isabel 40 ; laburlona.com)

La Buga del Lobo — BAR

13 PLAN P. 62, H5

L'une des adresses les plus tendance de Lavapiés depuis des années. L'atmosphère y est bohème et inclusive, avec des peintures murales funky, des expositions d'art contemporain et de la musique jazz ou lounge. (Calle de Argumosa 11)

Eucalipto — COCKTAILS

14 PLAN P. 62, G5

De la musique à la clientèle en passant par les cocktails caribéens (avec ou sans alcool), ce petit bar est dédié à la culture cubaine. Dans cet endroit ravissant et décontracté, les mojitos sont un cran au-dessus de la moyenne, mais les jus de fruits et les daïquiris ont aussi de fervents adeptes. (Calle de Argumosa 4 ; facebook.com/eeucalipto)

Bocono Specialty Coffee — CAFÉ

15 PLAN P. 62, D3

Tout se joue ici dans les détails : grains torréfiés sur place et, pour les connaisseurs, choix entre les cafetières AeroPress et Chemex. Le café est pesé avant préparation, et l'eau dosée au millilitre près. Décor minimaliste en bois recyclé et en brique brute. Service agréable et Wi-Fi. (Calle de los Embajadores 3 ; boconospecialtycoffee.com)

El Bonanno — BAR À VINS

16 PLAN P. 62, B3

Si les nuits madrilènes commencent trop tard pour vous, essayez le Bonanno. Ce bar à cocktails populaire est aujourd'hui aussi prisé pour ses vins. Les jeunes actifs sont nombreux à s'y retrouver en début de soirée. Attendez-vous à être collé à vos voisins si vous voulez une place au comptoir. (Plaza del Humilladero 4 ; elbonanno.com)

Sortir

Cine Doré — CINÉMA

17 PLAN P. 62, H3

Les fans d'Almodóvar reconnaîtront peut-être la superbe façade 1920 de ce cinéma que l'on voit dans *Parle avec elle*. Étrange coïncidence, la star de ce film, Javier Cámara, travaillait dans le magnifique bar du cinéma avant d'apparaître sur le grand écran. L'endroit a été restauré et a retrouvé sa gloire d'antan après avoir été laissé à l'abandon durant des décennies, et pour 3 € seulement, vous pouvez entrer dans la belle salle principale, où des films tirés des archives nationales espagnoles sont projetés devant une foule enthousiaste de cinéphiles. (Calle de Santa Isabel 3)

Corral de la Morería FLAMENCO

18 ☆ PLAN P. 62, A2

Un des lieux les plus prestigieux pour le flamenco à Madrid depuis 50 ans. Des artistes d'exception s'y produisent presque chaque soir. La décoration est un peu rustique et les tables sont tassées près de la scène. L'excellent restaurant est étoilé au guide Michelin. Menus à partir de 49,95 € (en plus du billet de spectacle). (Calle de la Morería 17 ; corraldelamoreria.com)

Sala Juglar MUSIQUE LIVE

19 ☆ PLAN P. 62, F4

Juglar est l'une des meilleures petites salles de concerts de la ville. Elle accueille une sélection de groupes de rock et pop alternatif dans son arrière-salle. La sonorisation est excellente, les prix au bar très raisonnables et des DJ se produisent souvent après les concerts. Le mercredi, spectacles de flamenco au prix modique de 18 €. (Calle de Lavapiès 37 ; salajuglar.com)

Cine Doré

Café Ziryab

FLAMENCO

20 PLAN P. 62, D6

Bien qu'un peu excentré, le Café Ziryab vaut le détour pour de beaux spectacles de flamenco qui attirent autant les habitants que les touristes. Les spectacles sont intimistes et coûtent un peu moins de 30 €, avec aussi bien des danseurs expérimentés que de jeunes talents. Il est possible de grignoter sur place. (Paseo de la Esperanza 17 ; www.cafeziryab.com)

Café El Despertar

JAZZ

21 PLAN P. 62, G3

Des concerts de jazz classiques et d'avant-garde sont donnés dans ce café Art déco de Lavapiés. Commandez une caïpirinha, installez-vous et laissez-vous porter par la musique ! (Calle Torrecilla del Leal 18 ; cafeeldespertar.com)

ContraClub

MUSIQUE LIVE

22 PLAN P. 62, A2

Une discothèque et une salle de concerts à la programmation éclectique (pop, rock, indé, blues...). Après les représentations (à partir de 22h), les DJ résidents proposent des rythmes tout aussi variés (indé, pop, funk et soul). (Calle de Bailén 16 ; contraclub.es)

Shopping

Los Artistas del Barrio

ART

23 PLAN P. 62, D4

Si vous cherchez un souvenir original de Madrid, cette boutique

Galerías Piquer

DAVID VIOQUE/SHUTTERSTOCK ©

est un excellent choix, car les cartes postales, affiches, mugs et tapis de souris vendus ici sont tous conçus par des artistes locaux. Nous aimons particulièrement les impressions en édition limitée de bars emblématiques tels que la Bodega de la Ardosa (p. 139) et la Casa Paco de Madrid Lines (Pablo Jorge). (Calle de Embajadores 7 ; losartistasdelbarrio.com)

Galerías Piquer ANTIQUITÉS

24 PLAN P. 62, D5

Les Galerías Piquer sont un ensemble d'antiquaires installés autour d'une jolie cour. On peut tout y acheter, d'une imposante reproduction de statue romaine à un presse-papier beaucoup plus transportable. Mieux vaut s'y rendre le dimanche, lorsque le marché Rastro, en plein air, bat son plein. Toutefois, si vous n'aimez pas la foule, optez pour un autre jour. (Calle de la Ribeira de Curtidores 29)

Helena Rohner BIJOUX

25 PLAN P. 62, C2

La joaillière ultracréative Helena Rohner possède une boutique spacieuse dans le quartier de La Latina. Ses pièces inventives en argent, pierre, porcelaine, bois et verre de Murano apparaissent régulièrement dans les défilés de mode parisiens. Pour reprendre ses propres termes, elle cherche à recréer "la magie de Florence, la vitalité de Londres et la luminosité de Madrid". (Calle del Almendro 4 ; helenarohner.com)

Eturel DÉCORATION D'INTÉRIEUR

26 PLAN P. 62, D3

Étoffes, motifs et lignes typiques de la région rurale de Castille – La Manche, mis au goût du jour dans des objets pour la maison à la fois épurés et sophistiqués tels que des coussins et des couvertures. Eturel apportera une délicate touche de campagne dans votre intérieur urbain... vous ne repartirez pas les mains vides ! (Calle de Ruda 8 ; eturel.com)

De Piedra BIJOUX

27 PLAN P. 62, C3

Cet adorable showroom est rempli de colliers, boucles d'oreilles, bracelets et objets de décoration pour la maison conçus par une équipe de designers locaux. L'argent et les pierres semi-précieuses sont à l'honneur. (Calle de Ruda 19 ; depiedra-creaciones.com)

Promenade à pied

Madrid gourmand

Madrid est la ville d'Espagne la plus méconnue en matière de gastronomie, alors que toutes les traditions culinaires du pays y sont bien présentes et y tiennent une place importante. Découvrez le plus beau marché alimentaire de la ville et le plus ancien restaurant du monde avant d'arpenter l'une des meilleures rues à tapas d'Espagne et d'aller boire un verre de xérès directement tiré du tonneau dans un bar authentiquement madrilène.

Comment s'y rendre

M Départ et arrivée à proximité de la station Sol (lignes 1, 2 et 3)

M Les stations Ópera (lignes 1 et 2) et Sevilla (ligne 2) sont également pratiques.

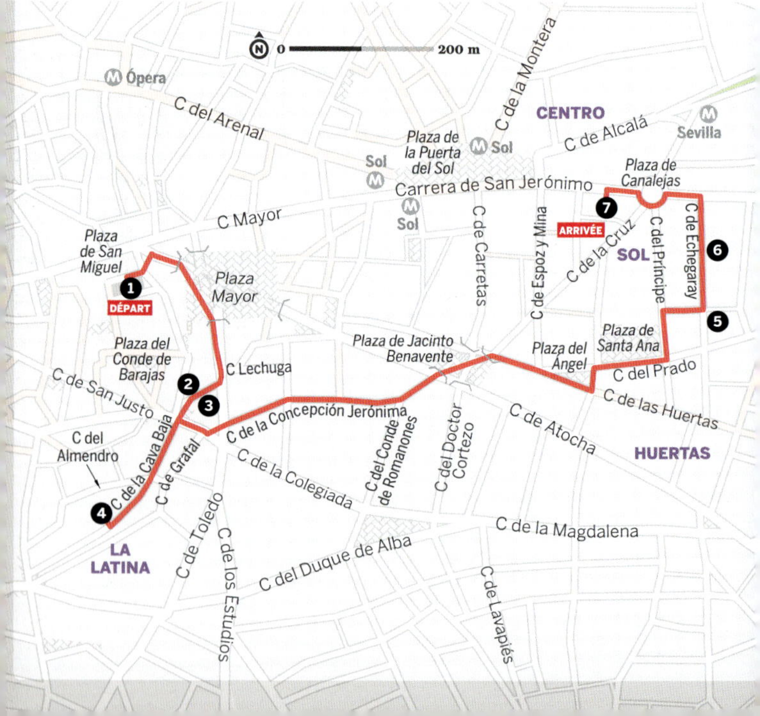

❶ Mercado de San Miguel

Ce marché (p. 47) du début du XXe siècle a été bien réaménagé. C'est aujourd'hui un paradis pour les gourmets, avec ses tapas variées, et toujours des produits ultrafrais. L'agitation cesse rarement avant la fermeture… à 2h. La Casa de Bacalao (stand n°17) est particulièrement appréciée.

❷ Restaurant Sobrino de Botín

Les viandes rôties et le cadre (demandez une table dans la cave voûtée) suffiraient amplement à expliquer la longévité de ce restaurant, le plus ancien du monde, dit-on (p. 48) ! Il est cité dans des romans d'Ernest Hemingway et de bien d'autres écrivains. Une adresse à retenir !

❸ Casa Revuelta

Le menu de la **Casa Revuelta** (p. 48) n'a pas changé depuis des décennies – et la clientèle guère plus. On y vient pour les tapas de *bacalao* (morue) sans arêtes et pour l'ambiance, si animée et chaleureuse que les serveurs doivent crier pour se faire entendre. Le meilleur moment ? Un dimanche à 13h pour déjeuner.

❹ Calle de la Cava Baja

Cette **ruelle** suit le tracé de la muraille qui encerclait Madrid au Moyen Âge. Ici, les bars sont alignés les uns à côté des autres et c'est une des rues les plus célèbres pour manger des tapas.

❺ Licores Cabello

Il y a les cavistes chez qui l'on vous tend la carte… et puis il y a **Licores Cabello** (p. 87), où chaque membre de l'équipe connaît ses vins sur le bout des doigts, et s'adresse avec autant de pertinence aux experts qu'aux néophytes qui veulent s'essayer aux crus espagnols. La fresque du plafond ajoute une touche d'authenticité.

❻ La Venencia

Il n'y a pas de meilleur endroit que **La Venencia** (p. 84) pour plonger dans l'Espagne d'hier, avec le xérès tiré directement du fût.

❼ Lhardy

Les gourmets ne manqueraient le **Lhardy** (p. 81) pour rien au monde. Au rez-de-chaussée, on peut faire ses provisions pour un pique-nique dans le Parque del Buen Retiro ou bien acheter viandes, fromages et autres produits fins à rapporter comme souvenir chez soi. Le restaurant de l'étage est une institution parmi les établissements haut de gamme de la ville.

Une petite pause ?

Avant de rejoindre **Licores Cabello**, n'hésitez pas à reprendre des forces sur l'une des places les plus calmes du centre. Le **Federal Café** (federalcafe.es) propose un excellent café et sa terrasse est très agréable. Le dimanche, un petit marché d'art s'installe sur la place.

Explorer
Sol, Santa Ana et Huertas

Les rues bondées de ces quartiers sont surtout connues pour leurs soirées qui ne faiblissent pas une fois le soleil couché, mais elles cachent aussi la charmante Plaza de Santa Ana et le passé littéraire du Barrio de las Letras. Du côté de Sol – cœur battant de Madrid –, on découvre un condensé de toutes les facettes de la ville, avec des boutiques, des restaurants et des lieux de sortie fabuleux.

À ne pas manquer

- ***Real Academia de Bellas Artes de San Fernando (p. 79)*** *Ce musée d'art sous-estimé a pourtant toute sa place parmi les plus grands.*
- ***Plaza de Santa Ana (p. 79)*** *Pour observer les passants de la terrasse d'un café, un verre de rioja à la main.*
- ***Barrio de las Letras (p. 79)*** *Les ruelles de ce quartier chargé d'histoire évoquent l'œuvre de Cervantès et le passé littéraire de la ville.*
- ***La Venencia (p. 84)*** *Spécialisé dans les vins de Xérès, ce bar à l'ancienne vous ramènera quelques années en arrière.*
- ***Café Central (p. 86)*** *Une salle au cadre Art déco, reconnue comme un club de jazz pointu.*

Comment s'y rendre et circuler

M Desservie par les lignes 1, 2 et 3, la station de métro Sol est une des plus utiles de la ville. Sont également très pratiques les stations Sevilla (ligne 2), Tirso de Molina et Antón Martín (toutes les deux sur la ligne 1)

Plan du quartier p. 78

Barrio de las Letras (p. 79) VIVVI SMAK/SHUTTERSTOCK ©

Une soirée à Huertas

C'est au coucher du soleil que les habitants commencent à arriver Plaza de Santa Ana et dans les rues allant vers la Puerta del Sol et le Paseo del Prado. Ici, en matière de bar, il y a le choix : de la terrasse chic et cool sur le toit aux vieux classiques du barrio *(quartier), inchangés depuis des décennies. C'est aussi là que se trouvent les meilleures salles de concerts de la ville.*

La promenade

Départ Plaza de Santa Ana ; M Antón Martín, Sol

Arrivée Villa Rosa ; M Sevilla, Sol

Distance 3,5 km

Durée 3-5 heures

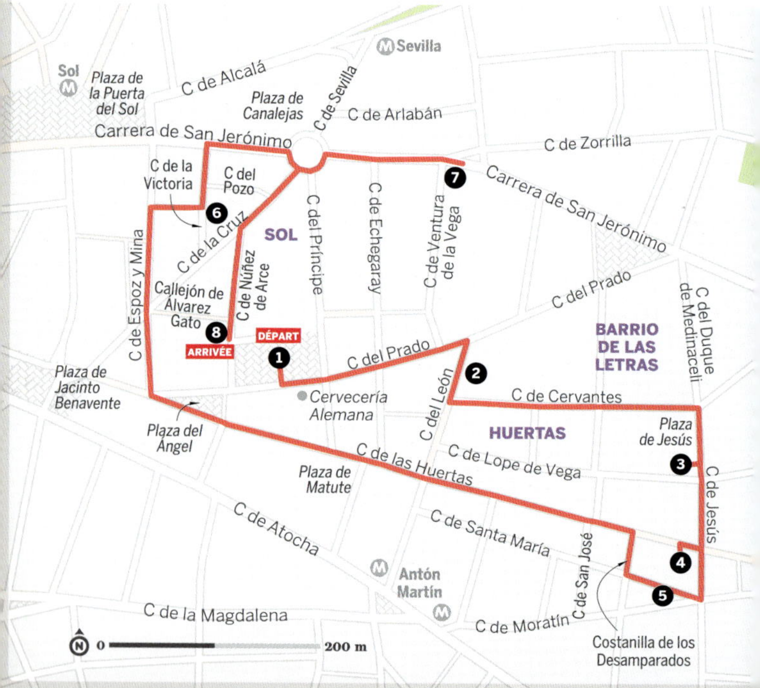

❶ Plaza de Santa Ana

Une soirée dans Huertas débute en général sur cette place bordée d'une multitude de bars. Installez-vous en terrasse, dès qu'une table se libère. Repérez la **Cervecería Alemana** (p. 85), où Hemingway avait ses habitudes.

❷ Casa Pueblo

La **Casa Pueblo** (Calle de León 3 ; facebook.com/casapueblobar) est un joli bar sur plusieurs étages. Concerts de jazz gratuits, cocktails et déco bohème séduisent une clientèle trentenaire.

❸ Taberna La Dolores

Vieilles bouteilles et chopes à bière ornent les étagères de cette institution madrilène. La **Taberna La Dolores** (Plaza de Jesús 4) serait en effet "le bar le plus célèbre de Madrid" : il est toujours très fréquenté et un *famoso* (une star) se cache souvent parmi la clientèle.

❹ Maceiras

Les tapas galiciennes de **Maceiras** (Calle de las Huertas 66), un bar authentique au bas de la Calle de las Huertas, sont délicieuses. Les habitués les apprécient volontiers avec un verre de Ribeiro, un vin blanc frais.

❺ Jazz Bar

Les amateurs de jazz commencent leur soirée au **Jazz Bar** (Calle de Moratín 35) avant d'aller ailleurs écouter un concert. Mais l'ambiance, les banquettes en cuir et les plantes vertes en font revenir beaucoup, plus tard dans la nuit.

❻ Taberna Alhambra

Voici une élégante **adresse à l'ancienne** (Calle de la Victoria 9), qui se distingue parmi les bars à tapas installés entre Sol et Huertas. Côté décor, remarquez la façade et les mosaïques de l'intérieur. Ici, la décontraction est de mise, et la salle souvent bondée. Bonne musique flamenco en soirée.

❼ La Terraza del Urban

Un sérieux prétendant au titre du meilleur *rooftop* de Madrid ! Dans ce **bar** (Carrera de San Jerónimo 34) sophistiqué installé au sommet de l'hôtel Urban cinq étoiles, les prix sont à la hauteur de la vue. Terrasse ouverte aux beaux jours.

❽ Villa Rosa

C'est en 1914 que la **Villa Rosa** (p. 86) a ouvert ses portes. Si elle s'est d'abord fait un nom en tant que scène de flamenco, elle propose aujourd'hui des spectacles réguliers, mais aussi des menus.

A
B
C
D
1
2
3
4
5
6
0
200 m
C del Desengaño
C del los Mesoneros Romanos
C del Barco
C del Valverde
C de Fuencarral
C de Hortaleza
Plaza de Pedro Zerolo
C de Clavel
C de las Infantas
C de la Libertad
Plaza del Rey
Gran Vía
Gran Vía
C de la Reina
C del Valdeiglesias
C del Marqués
Banco de España
32
C Chinchilla
C de la Salud
27
Plaza Red de San Luis
C del Caballero de Gracia
15
C de la Abada
C de las Tres Cruces
29
C de los Jardines
C de los Peligros
C de la Virgen
Edificio Metrópolis
5
CENTRO
Sevilla
C de San Alberto
C de la Aduana
24
4
26
C del Carmen
C de la Montera
C de Tetuán
10
Círculo de Bellas Artes
C de Preciados
Real Academia de Bellas Artes de San Fernando
1
C de los Cedaceros
C de los Madrazo
Sevilla
C de Marqués de Casa Riera
Sol
C de Alcalá
30
12
C de Sevilla
C de Arlabán
La Mallorquina
C Mayor
Carrera de San Jerónimo
Plaza de Canalejas
C de Zorrilla
11
C Fernánflor
C del Correo
C de Carretas
C de Cádiz
C de Espoz y Mina
C de la Victoria
C de la Cruz
C del Príncipe
C de Echegaray
20
C de Ventura de la Vega
Carrera de San Jerónimo
13
SOL
Plaza de las Cortes
36
C de la Paz
34
35
Callejón de Álvarez Gato
Plaza de Santa Ana
33
C del Prado
Barrio de las Letras
C de San Agustín
31
22
Casa de Lope de Vega
C de la Bolsa
2
C de Manuel Fernández y González
3
Hammam Al Ándalus
7
Plaza de Jacinto Benavente
Plaza del Ángel
C de San Sebastián
25
6
C del León
C de Cervantes
C de la Concepción Jerónima
28
18
16
14
19
Plaza de Jesús
C Quevedo
9
8
23
C de Lope de Vega
17
C del Doctor Cortezo
C de los Relatores
C de Luiz Vélez de Guevera
C del Olivar
C de Atocha
HUERTAS
C de las Huertas
21
C del Amor de Dios
C de Santa María
Antón Martín
C de la Magdalena
Plaza de Antón Martín
C de Moratín
Nos adresses
Voir p. 79
Se restaurer p. 80
Prendre un verre p. 84
Sortir p. 85
Shopping p. 87
C de la Cabeza
C del Olmo
C del Ave María
C de Santa Isabel
Antón Martín
LAVAPIÉS

Voir

Real Academia de Bellas Artes de San Fernando

MUSÉE

1 PLAN P. 78, B3

Cette institution joue un rôle essentiel dans la vie artistique de la ville depuis plusieurs siècles. Fondée comme Académie royale des beaux-arts, elle a soutenu les talents locaux et a permis d'attirer en Espagne de grands artistes internationaux. La liste des anciens élèves constitue un florilège de l'art espagnol et la collection du musée est impressionnante. (Calle de Alcalá 13 ; realacademiabellasartessanfernando.com ; adulte/enfant 8 €/gratuit)

Plaza de Santa Ana

PLACE

2 PLAN P. 78, B4

Cette belle place, entourée de bâtiments à l'architecture intéressante, résonne d'une animation continue. Elle est située sur les hauteurs du Barrio de las Letras et la littérature est ici bien présente : repérez la statue de l'écrivain Calderón de la Barca (XVIIe siècle) et celle du poète Federíco García Lorca (1898-1936). À l'extrémité est de la place, vous pourrez observer la façade du **Teatro Español** (Calle del Príncipe 25 ; teatroespanol.es).

Aménagée en 1810, sous le règne controversé de Joseph Bonaparte, frère aîné de Napoléon, la place permit à ce qui était jusqu'alors un quartier très étouffant de Madrid de respirer un peu. La vie intellectuelle s'articula rapidement dans ses cafés où écrivains, poètes et artistes se livraient à d'interminables *tertulias* (discussions littéraires et philosophiques).

Aujourd'hui, la place sert d'entrée en matière à de nombreuses soirées dans le quartier.

Le mercredi, c'est gratuit !

La **Real Academia de Bellas Artes de San Fernando** possède une collection à faire pâlir d'envie bien des musées européens. De plus, l'entrée est gratuite le mercredi.

Barrio de las Letras

QUARTIER

3 PLAN P. 78, D4

Le quartier qui descend depuis l'est de la Plaza de Santa Ana est appelé "quartier des lettres", car de nombreux écrivains y vécurent pendant le Siècle d'or espagnol, aux XVIe et XVIIe siècles. Miguel de Cervantès (1547-1616), l'auteur de *Don Quichotte*, a passé la fin de sa vie à Madrid, au **2 Calle de Cervantes**. La maison d'origine n'est plus là, mais une plaque (qui date de 1834) au-dessus de la porte indique où elle se trouvait.

Círculo de Bellas Artes

CENTRE CULTUREL, POINT DE VUE

4 PLAN P. 78, D2

Pour une vue spectaculaire sur Madrid, prenez l'ascenseur jusqu'au 7e étage du "Cercle des Beaux-Arts". D'ici, le magnifique dôme de l'Edificio Metrópolis semble à portée de main, et l'ensemble de la ville, avec les montagnes en toile de fond, s'offre au regard. Un restaurant et un bar, la musique lounge et les banquettes invitent à la détente. En bas ont lieu des expositions, des concerts, des courts métrages et des lectures. Également un café (p. 84), de style Belle Époque. (Calle de Alcalá 42 ; circulobellasartes.com ; rooftop 5 €)

Edificio Metrópolis

ARCHITECTURE

5 PLAN P. 78, D2

Situé à l'extrémité sud de la Gran Vía, cet immeuble a été conçu par les architectes français Jules et Raymond Février, et achevé en 1910. La statue ailée de la Victoire, perchée sur le dôme, a été ajoutée en 1975 ; on la voit bien depuis la Calle de Alcalá ou depuis la Plaza de Cibeles. Le bâtiment est magnifique le soir sous les projecteurs. D'aucuns diront qu'il s'agit du plus bel édifice de Madrid.

Casa de Lope de Vega

MUSÉE

6 PLAN P. 78, D4

Si la maison de Cervantès a depuis longtemps été détruite, il est possible de se faire une idée assez précise de la façon dont il vivait en visitant la maison de son voisin, le célèbre écrivain Lope de Vega (1562-1635).

Un peu coquin, le dramaturge eut de nombreuses aventures au cours de sa vie et la visite gratuite (en anglais) vous permettra de découvrir quelques potins du XVIIe siècle. Il est nécessaire de réserver en ligne pour entrer, mais l'agréable jardin est accessible à tout moment. (Calle de Cervantes 11 ; casamuseolopedevega.org)

Hammam Al Andalus

SPA

7 PLAN P. 78, A5

Installé dans une ancienne citerne du Vieux Madrid, ce hammam propose massages et aromathérapie sous d'élégantes voûtes, au son de l'eau qui s'écoule. Les tarifs sont moins élevés entre 10h et 16h, du lundi au vendredi. Réservation obligatoire. (Calle de Atocha 14 ; madrid.hammamalandalus.com ; soins 35-120 €)

Se restaurer

Casa Alberto

TAPAS **€€**

8 PLAN P. 78, C5

C'est une des plus anciennes *tabernas* (tavernes) de Madrid, ouverte depuis 1827 là où Cervantès aurait écrit *Don Quichotte*. Les secrets de sa longévité : vermouth pression, excellentes tapas au bar et bons repas servis en salle. (Calle de las Huertas 18 ; casaalberto.es)

Vi Cool

ESPAGNOL €€

9 PLAN P. 78, B5

La cuisine espagnole agrémentée d'une pointe de sophistication du Vi Cool se présente sous forme de menus dégustation de style tapas. Le porc ibérique accompagné de fines tranches d'Idiazábal (un fromage) et de pommes est particulièrement recommandé, tout comme le poulet sauce kimchi. En semaine, le menu de quatre plats du déjeuner est une affaire (13,95 €) ! (Calle de las Huertas 12 ; vi-cool.com)

Paco Roncero Restaurante

ESPAGNOL €€€

10 PLAN P. 78, C3

Au sommet du fastueux Casino de Madrid, ce temple de la haute cuisine, titulaire de deux étoiles au Michelin, est dirigé par le chef Paco Roncero. La cuisine expérimentale est à l'honneur et le menu change au gré des trouvailles. (Calle de Alcalá 15 ; pacoronceroestaurante.com)

Lhardy

ESPAGNOL €€€

11 PLAN P. 78, B3

Ce restaurant, qui existe depuis 1839, est une institution à Madrid. On y sert des tapas

Casa Alberto

gastronomiques à emporter au rez-de-chaussée et, dans les 6 salles à l'étage, d'excellentes spécialités madrilènes, parfois teintées d'influences françaises. Le *cocido a la madrileña* (ragoût de viande et de pois chiches ; 60 €), la queue de bœuf et le canard à l'orange comptent parmi les réussites de la maison. La qualité et le service sont irréprochables. (Carrera de San Jerónimo 8 ; lhardy.com)

Casa Labra

TAPAS €

12 PLAN P. 78, A3

Un établissement ouvert depuis 1860, réputé pour le *bacalao* (morue) que l'on commande frit (*tajada de bacalao* ; 1,75 €) ou en *croqueta* (1,20 €). Plus de 700 kilos de morue sont nécessaires chaque semaine pour contenter les gourmands qui patientent ici tous les midis. (Calle de Tetuán 12 ; casalabra.es)

Casa Labra

ALEX SEGRE/SHUTTERSTOCK ©

Casa Toni

ESPAGNOL €

13 PLAN P. 78, B4

Les Madrilènes affluent à la Casa Toni, une excellente adresse appréciée pour sa cuisine simple et authentique, à accompagner de vins madrilènes. Parmi les spécialités, seiche, gaspacho et abats – les oreilles de porc sont sans égal, dit-on. Prix imbattables. (Calle de la Cruz 14)

Gofio

ESPAGNOL €€€

14 PLAN P. 78, C5

Avec une étoile au guide Michelin, le Gofio, avec son chef Cícero Canary, propose, en plein cœur de la capitale, une carte basée sur des recettes traditionnelles mais revisitées des îles Canaries. Réservation conseillée. (Calle de Lope de Vega 9 ; gofiorestaurant.com)

Gran Clavel

ESPAGNOL €€

15 PLAN P. 78, C2

Les Madrilènes sont nombreux à prendre leur déjeuner dans une *casa de comidas*, restaurant à la cuisine familiale. La Gran Clavel, qui fait partie de l'hôtel Iberostars, est chic en son genre. Le *cocido* (ragoût), les plats de riz et le *bacalao* (morue) sont délicieux. L'établissement fait d'ailleurs partie de nos restaurants préférés du centre de Madrid. (Gran Vía 11 ; granclavel.com)

Casa González

TAPAS €€

16 PLAN P. 78, C5

C'est le genre de traiteur qu'on adore, où l'on peut choisir les plats à emporter, mais aussi s'asseoir pour les déguster sur place. Ici, les vitrines abritent un éventail tentant de fromages, de charcuterie et autres mets délicats. Les tables sont à la bonne franquette, comme dans un café, et il est tentant de s'y éterniser. (Calle de León 12 ; casagonzalez.es)

Los Gatos

TAPAS €€

17 PLAN P. 78, D5

Dans ce bar très fréquenté dans le bas de Huertas, nul besoin de déchiffrer le menu : on désigne du doigt les tapas que l'on souhaite, avant de les savourer dans un décor éclectique (souvenirs de corrida, peinture de squelettes au bar, etc.). Les tapas sur toast font l'unanimité. (Calle de Jesús 2 ; cerveceríalosgatos.com)

El Caldero

ESPAGNOL €€

18 PLAN P. 78, C5

Le restaurant El Caldero n'a qu'un seul objectif : vous faire découvrir la savoureuse cuisine de la région de Murcie (au sud-est de l'Espagne), ses plats de riz onctueux, ses fruits de mer, ses *croquetas* au jambon et sa seiche grillée, entre autres. L'endroit est chic, et la cuisine de très grande qualité. (Calle de las Huertas 15 ; elcaldero.com)

Casa Toni

Sidrería Vasca Zeraín

BASQUE €€€

19 PLAN P. 78, D5

C'est au cœur du Barrio de las Letras que cet élégant restaurant vous propose de goûter sa cuisine basque, l'une des meilleures de la capitale. Ne passez pas à côté du cidre, du *bacalao* ou d'un délicieux steak. Certains plats plus créatifs raviront également vos papilles. Nous recommandons vivement le *menú sidrería* (menu maison autour du cidre ; 55 €). (Calle Quevedo 3 ; restaurante-vasco-zerain-sidreria.es)

La Mallorquina

Donnant directement sur la Puerta del Sol, **La Mallorquina** (plan p. 78, A3 ; Plaza de la Puerta del Sol 8 ; pastelerialamallorquina.es) est une pâtisserie traditionnelle où l'on ne peut s'empêcher de faire un saut quand on passe devant... La viennoiserie la plus demandée est l'*ensaimada*, une spécialité briochée de Majorque.

Prendre un verre

La Venencia BAR

20 PLAN P. 78, C4

Un grand classique dans le quartier ! On y sert une *manzanilla* (xérès couleur camomille) de Sanlúcar et un véritable vin de Xérès (Jerez), directement depuis des fûts en bois, avec une petite sélection de tapas à l'andalouse. Ni musique ni décoration superflue : ici, toute la place est laissée à vous, vos amis et votre *fino* (un type de xérès). (Calle de Echegaray 7)

Dos Gardenias BAR À COCKTAILS

21 PLAN P. 78, D5

Une petite oasis de tranquillité nichée dans la partie la plus calme du Barrio de las Letras, où le vinyle règne encore en maître. Nacho, le propriétaire, aime d'ailleurs faire écouter ses disques tout en servant des bières et des *copas*. C'est l'un des rares établissements de la ville où il est possible de boire un bon bloody mary. (Calle de Santa María 13 ; facebook.com/dosgardenias.madrid)

Salmón Gurú COCKTAILS

22 PLAN P. 78, C4

Après la fermeture du bar à cocktails Le Cabrera, dirigé par le célèbre chef catalan Sergi Arola, les Madrilènes perdirent la trace d'un grand virtuose du cocktail : Diego Cabrera. Heureusement, il est de retour avec un merveilleux lieu multifacette où un incroyable choix de boissons est proposé. Pour commencer, parcourez la carte des 25 *clásicos* Cabrera. (Calle de Echegaray 21 ; salmonguru.es)

El Imperfecto COCKTAILS

23 PLAN P. 78, C5

Voici l'une des meilleures adresses de Huertas. Concerts de jazz de temps à autre et impressionnante carte des boissons, allant des cocktails et alcools divers (mention spéciale à la piña colada) aux milk-shakes, thés et cafés originaux. Ambiance animée et décontractée. (Plaza de Matute 2 ; elimperfecto.negocio.site)

La Pecera del Círculo de Bellas Artes CAFÉ

24 PLAN P. 78, D2

Ce splendide café Belle Époque, dessiné par Antonio Palacios en 1919, témoigne sous ses beaux lustres du charme d'une époque révolue. (Calle de Alcalá 42 ; lapeceradelcirculo.com)

Cervecería Alemana BAR

25 PLAN P. 78, B5

Si vous n'avez du temps que pour un seul bar de la Plaza de Santa Ana, optez pour cette *cervecería* (brasserie), réputée pour ses mousses fraîches et un beau choix de bières espagnoles. La salle est agréable, mais si vous dénichez une table sur la place un soir d'été, vous la quitterez avec regret...

Ouvert depuis 1904, il a été fréquenté par Hemingway. Ni le bar en bois ni le personnel en nœud papillon ne semblent avoir changé depuis cette époque. (Plaza de Santa Ana 6 ; cerveceriaalemana.com)

La Azotea del Circulo LOUNGE

26 PLAN P. 78, D3

Une fois votre cocktail commandé, installez-vous confortablement sur les coussins et admirez la vue (le coucher de soleil si possible) depuis ce toit-terrasse. C'est le lieu idéal pour se relaxer. (7e ét., Calle Marqués de Casa Riera 2 ; azoteadelcirculo.com)

Sortir

Wurlitzer Ballroom MUSIQUE LIVE

27 PLAN P. 78, B2

Les Madrilènes fans de musique aiment se tenir informés des concerts à venir dans cette petite salle de concerts en retrait de la Gran Vía. La programmation

La Mallorquina

PAGE LIGHT STUDIOS/SHUTTERSTOCK ©

Villa Rosa

est toujours intéressante, avec beaucoup de rock et de garage, mais pas seulement. Les prix raisonnables du bar et la discothèque d'après-concert plaisent aussi beaucoup. (Calle de las Tres Cruces 12 ; wurlitzerballroom.com)

Café Central

JAZZ

28 ✪ PLAN P. 78, B5

En 2011, ce bar Art déco a figuré sur la liste des meilleurs clubs de jazz du monde établie par le célèbre magazine *Down Beat*. C'est le seul établissement espagnol à avoir fait l'objet d'une telle distinction (l'équivalent d'une étoile Michelin dans le monde du jazz). (Plaza del Ángel 10 ; cafecentralmadrid.com)

Sala El Sol

MUSIQUE LIVE

29 ✪ PLAN P. 78, B2

Cette salle populaire, une institution à Madrid, a ouvert en 1979, juste à temps pour *la movida madrileña* (voir l'encadré p. 133). Elle s'est rapidement imposée comme la scène accueillant toutes les icônes de l'époque, par exemple Nacha Pop et Alaska y los Pegamoides. (Calle de los Jardines 3 ; salaelsol.com)

Teatro de la Zarzuela

THÉÂTRE

30 ✪ PLAN P. 78, D3

Construit en 1856, ce théâtre est l'endroit idéal pour assister à une zarzuela (un mélange de théâtre, musique et danse). Il accueille également quelques opéras, concerts de musique classique et l'avant-gardiste Compañía Nacional de Danza. (Calle de Jovellanos 4 ; teatrodelazarzuela.mcu.es)

Villa Rosa

FLAMENCO

31 ✪ PLAN P. 78, B4

Ce *tablao* (salle traditionnelle où ont lieu des spectacles de flamenco) a ouvert ses portes en 1914 et, depuis, son succès ne faiblit pas. Ses spectacles ont un excellent rapport qualité/prix.

Avant d'entrer, admirez les extraordinaires carreaux de la façade, réalisée en 1928 par Alfonso Romero. Ce dernier est aussi le créateur des azulejos de la Plaza de Toros, dont la façade à elle seule attire les touristes. La Villa Rosa apparaît même dans le film *Tacones Lejanos* (*Talons aiguilles*, 1991) de Pedro Almodóvar. (Plaza de Santa Ana 15 ; tablaoflamenco1911.com)

Shopping

Tienda Real Madrid

LIVRES

32 PLAN P. 78, A2

La boutique du Real Madrid déborde de toutes sortes d'objets marqués de l'emblème du club : maillots, affiches, casquettes... (Gran Vía 31 ; realmadrid.com)

Licores Cabello

VINS

33 PLAN P. 78, C4

Si seulement tous les cavistes ressemblaient à celui-ci ! Dans cette boutique familiale spécialisée dans les vins depuis 1913, la décoration n'a presque pas changé : étagères en bois et fresque aux couleurs passées au plafond. Les bons vins ne manquent pas (principalement des crus espagnols et quelques bouteilles étrangères) parmi les quelque 500 références exposées ou conservées dans la réserve. (Calle de Echegaray 19)

Santarrufina

ARTICLES RELIGIEUX

34 PLAN P. 78, A4

Il faut le voir pour le croire. Cet avant-poste du catholicisme espagnol a pour clients, entre autres, des églises, des prêtres et des monastères. L'immense boutique s'étend sur trois étages et propose aussi bien des chapelets que de grandes statues de saints et même des socles utilisés lors des processions. Jetez un œil à la chapelle au sous-sol, incroyable ! (Calle de la Paz 9 ; santarrufina.com)

Guitarras Ramírez

MUSIQUE

35 PLAN P. 78, A4

José Ramírez compte parmi les artisans luthiers les plus réputés d'Espagne. Il est spécialisé dans les guitares et ses productions ont fait le bonheur de grands noms du flamenco et de grands artistes internationaux (y compris les Beatles). José travaille à partir de plusieurs essences, dont du cèdre du Honduras, de l'ébène du Cameroun et du bois de rose d'Inde ou de Madagascar. Il utilise des procédés de fabrication traditionnels remontant à plusieurs générations. José fait vivre entre ses doigts un artisanat de qualité hautement supérieure.

À l'arrière de l'atelier se trouve un petit musée de la guitare, avec des pièces datant des années 1930. Possibilité de cours de guitare. (Calle de la Paz 8 ; guitarrasramirez.com)

Justo Algaba

CADEAUX ET SOUVENIRS

36 PLAN P. 78, A4

C'est dans cet atelier que les toreros de toute l'Espagne viennent faire tailler leur habit de lumière, le costume à la brillance ostentatoire qu'ils revêtent pour partir au combat. (Calle de la Paz 4 ; justoalgaba.com)

GOYA
1746

Explorer El Retiro et les musées d'art

À la fois carrefour culturel et oasis de verdure, le Paseo del Prado et le Parque del Retiro n'ont eu aucun mal à obtenir leur inscription au patrimoine mondial de l'Unesco en 2021 : trois musées de stature mondiale installés le long d'une avenue bordée d'arbres, tandis que sur la colline à l'est s'étend un parc qui faisait jadis partie du palais royal, mais est désormais ouvert à tous.

À ne pas manquer

- ***Museo del Prado (p. 90)*** *Un magnifique panorama de l'art espagnol, avec en particulier une grande collection de tableaux de Goya et de Vélasquez.*
- ***Museo Thyssen-Bornemisza (p. 96)*** *Des œuvres des grands maîtres européens réunies en un seul lieu.*
- ***Centro de Arte Reina Sofía (p. 100)*** *Appréciez le génie pur de Pablo Picasso (et de son* Guernica*), Salvador Dalí et Joan Miró.*
- ***Parque del Buen Retiro (p. 104)*** *L'un des plus jolis parcs urbains d'Espagne.*
- ***Caixa Forum (p. 108)*** *Architecture improbable et jardin vertical luxuriant.*

Comment s'y rendre et circuler

M Les stations de métro Banco de España (ligne 2) et Estación del Arte (anciennement, Atocha) (ligne 1) se trouvent chacune à une extrémité du Paseo del Prado. Pour vous rendre au Parque del Buen Retiro, arrêtez-vous à la station de métro Retiro (ligne 2) ; la station Ibiza (ligne 9) peut également être pratique pour certains, mais elle n'est pas directement reliée à l'hypercentre.

Plan du quartier p. 106

Statue de Goya au Museo del Prado (p. 90) LUCIAN MILASAN/SHUTTERSTOCK ©

Les incontournables

Admirer les chefs-d'œuvre du Museo del Prado

Bienvenue dans l'un des plus beaux musées du monde. La collection du Prado est une fenêtre ouverte sur l'histoire de l'Espagne, grandiose et impérieuse dans les peintures royales de Diego Vélasquez, sombre et tumultueuse dans les pinturas negras *("peintures noires") de Francisco de Goya. Sans oublier les chefs-d'œuvre des plus grands maîtres de la peinture européenne.*

PLAN P. 106, B4

www.museodelprado.es

Paseo del Prado

Tarif plein/réduit 15/7,50 €, gratuit pour les enfants, gratuit pour tous 18h-20h lun-sam et 17h-19h dim

M Banco de España

Francisco de Goya

Parfois décrit comme le père de l'art moderne, Francisco de Goya est mis à l'honneur sur les trois étages du Prado. Commencez par le sud du rez-de-chaussée : dans la salle 64, *El Dos de Mayo* (*Le 2 mai*) et *El Tres de Mayo* (*Le 3 mai*) sont deux tableaux emblématiques de l'histoire de Madrid. Exposées dans les salles 66 et 67, les troublantes *pinturas negras* tirent leur nom de l'apparence distordue et de la dimension animale de leurs personnages. Les exemples les plus expressifs sont sans doute *Saturno devorando a su hijo* (*Saturne dévorant son enfant*) ou les visages de *La Romería de San Isidro* (*La Procession à saint Isidore*) et de l'*Aquelarre* alias *El Gran Cabrón* (*Le Grand Bouc*). L'intéressante note explicative aux *pinturas negras* évoque *El Coloso* (*Le Géant*), une peinture attribuée à Goya jusqu'à ce que les experts en décident autrement en 2008.

Au 1er étage sont conservés d'autres chefs-d'œuvre parmi lesquels *La Familia de Carlos IV (La Famille de Charles IV)*, un portrait de la famille royale espagnole peint en 1800 et dans lequel Goya s'est inclus en arrière-plan, à l'instar de Vélasquez dans *Les Ménines*. Ne manquez pas *La Maja Vestida* (*La Jeune Femme vêtue*) et *La Maja Desnuda* (*La Jeune Femme nue*). On considère parfois ces portraits comme étant ceux de la duchesse d'Albe, l'hypothétique maîtresse de Goya.

Diego Vélasquez

Vélasquez (1599-1660) était peintre de la cour et son travail offre donc un aperçu unique de la vie de la famille royale au XVIIe siècle. C'est le Prado qui conserve le plus grand nombre de peintures du maître. Le tableau *Las Meninas* (*Les Ménines*, salle 12), terminé en 1656 et également appelé *La Familia de Felipe IV* (*La Famille de Philippe IV*), est celui qui attire le plus de visiteurs. Il représente au centre

★ À savoir

- Prévoyez plusieurs visites : vous ne pourrez pas tout voir en une fois, au risque de vous sentir saturé.
- Visiter le musée à l'heure espagnole du déjeuner (entre 14h et 16h) permet de profiter d'un calme relatif.
- Réservez en ligne pour éviter de faire la queue.

Une petite pause ?

- À quelques rues à l'ouest du Paseo del Prado, Los Gatos (p. 83) est un bar à tapas typique. Sa déco "corrida et foot" fait contrepoids aux nombreux chefs-d'œuvre du Prado.

Museo del Prado

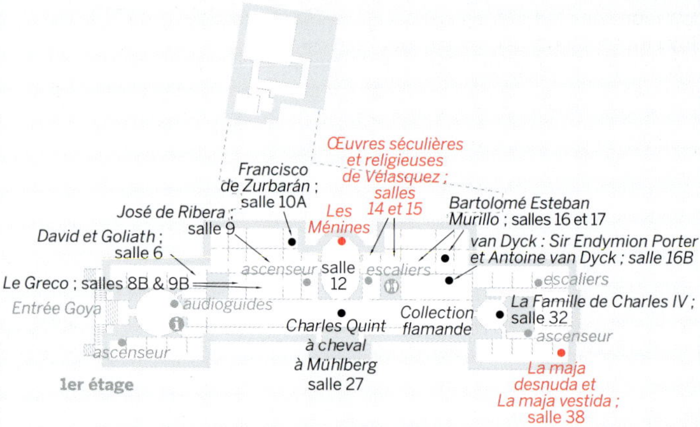

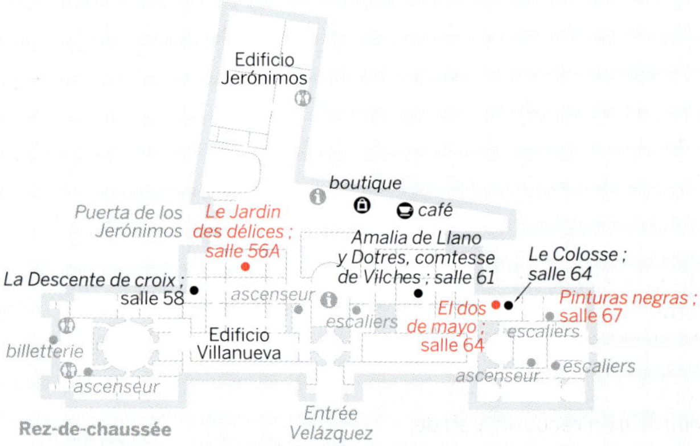

La vie et l'époque de Goya

Francisco José de Goya y Lucientes (1746-1828) débuta en réalisant des cartons à la manufacture royale de tapisserie de Madrid. Il devint sourd en 1792 à la suite d'une maladie. Ce handicap serait, pour de nombreux experts, à l'origine du style brutal, souvent implacable, qu'il développa en se libérant de plus en plus des conventions. En 1799, Goya fut nommé peintre à la cour de Charles IV.

Après ses chefs-d'œuvre, *La Maja Vestida* (1800-1807) et *La Maja Desnuda* (1795-1800), il créa les fresques de l'Ermita de San Antonio de la Florida (p. 56). L'arrivée des Français et la guerre qui s'ensuivit en 1808 l'affectèrent profondément. *El Dos de Mayo* (*Le 2 mai*) et, de façon encore plus spectaculaire, *El Tres de Mayo* (*Le 3 mai*), deux tableaux réalisés en 1814, témoignent de manière magistrale de la violence de la guerre.

Une fois retiré à la Quinta del Sordo ("la maison du sourd"), à l'ouest du Río Manzanares, à Madrid, Goya réalisa ses *pinturas negras* (peintures noires ; 1820-1823) directement sur les murs de sa maison. L'artiste passa ses dernières années en exil volontaire en France, où il continua à peindre jusqu'à sa mort.

l'infante Marguerite-Thérèse et, sur la gauche, le peintre lui-même. Ce tableau est en fait un autoportrait de l'artiste en train de peindre le roi et la reine, dont l'image se reflète, selon certains experts, dans le miroir situé derrière Vélasquez. Ce dernier fait ici preuve d'une maîtrise hors pair de la lumière et des couleurs. Au-delà de l'audace du peintre qui se représente au côté de la famille royale, la présence de la croix de l'ordre de Saint-Jacques-de-l'Épée sur sa poitrine est un détail intéressant. L'obtention d'un titre de noblesse obsédait visiblement le peintre. Il en reçut un, peu de temps avant sa mort, mais il se fit cet honneur bien des années plus tôt dans cette toile...

Les salles autour de *Las Meninas* (salles 14 et 15) conservent d'autres superbes toiles desquelles semblent surgir divers membres de la royauté, souvent à cheval.

Enfin, c'est ici que se trouve *La Rendición de Breda* (*La Reddition de Breda* ; 1635), un autre chef-d'œuvre du peintre.

Les salles conservent également des toiles d'autres peintres espagnols incontournables, tels Bartolomé Esteban Murillo (1618-1682), José de Ribera (1591-1652) et Francisco de Zurbarán (1598-1664).

La collection flamande

La remarquable collection d'art flamand comprend notamment

des œuvres de Rubens (1577-1640). *Les Trois Grâces* (1639) et *L'Adoration des Mages* (1609) sont les plus connues. À proximité se trouvent également des œuvres d'Anton Van Dyck (1599-1641), notamment le très bel *Autoportrait avec Sir Endimion Porter* (1633).

Réalisé en 1435 par Rogier Van der Weyden (vers 1399-1464), la *Descente de Croix* est un tableau inhabituel, tant par ses dimensions que par les formes d'arbalètes récurrentes qui ornent les coins supérieurs, reprises dans les corps de Marie et du Christ (l'œuvre avait été commandée par une confrérie d'arbalétriers). La peinture correspondait autrefois à la partie centrale d'un triptyque.

Ne manquez surtout pas l'étrange et merveilleux *Jardin des délices* (1503-1515 ; salle 56A) de Jérôme Bosch (vers 1450-1516). Cette œuvre hallucinatoire n'a pas encore livré tous ses secrets.

Conservé au dernier étage, *Judith au banquet d'Holopherne,* achevé en 1634, est le seul tableau de Rembrandt (1606-1669) conservé au Prado. Remarquez la signature de l'artiste et la date sur l'accoudoir du fauteuil. Le peintre est au sommet de son art, domptant parfaitement le clair-obscur.

Le Greco

Cet artiste d'origine grecque fait partie des grands maîtres du Siècle d'or de la peinture espagnole (XVIe siècle). Les compositions saisissantes et presque surréalistes de cet Espagnol d'adoption sont parfaitement exécutées, avec leurs figures minces et torturées caractéristiques. Une trentaine de ses peintures sont exposées au Prado. *L'Annonciation* (1575) et *La Fuite en Égypte* (1570) ont été peintes en Italie, avant l'arrivée du Greco en Espagne. *La Trinité* (1577) et *Chevalier à la main sur la poitrine* (1570) comptent parmi ses œuvres majeures.

Charles Quint peint par Titien

Considérée comme l'un des plus beaux portraits équestres de l'histoire de l'art, *L'Empereur Charles Quint à cheval*, œuvre du XVIe siècle, serait à l'origine des peintures similaires de Vélasquez, un siècle plus tard. Titien (1488-1576), l'un des grands maîtres de la Renaissance, entrait dans sa période la plus célèbre lorsqu'il réalisa cette toile, largement reconnue comme un chef-d'œuvre.

Autres œuvres

Il y a toujours plus à découvrir, telles les peintures du Caravage, de Dürer, Raphaël, Tintoret, Sorolla, Pradilla, ou encore Fra Angelico.

Edificio Villanueva

Achevée en 1785, l'aile ouest du Prado (Edificio Villanueva) correspond au Palacio de Villanueva, de style néoclassique. Il abrita la cavalerie des troupes napoléoniennes de 1808 à 1813. En 1814, le roi Ferdinand VII décida d'en faire un musée. Cinq ans plus

Le Jardin des délices par Jérôme Bosch au Museo del Prado

tard, le musée du Prado ouvrait ses portes avec 311 peintures des maîtres espagnols, le cœur de la collection actuelle.

Edificio Jerónimos

L'aile est du Prado (Edificio Jerónimos) fait partie de l'extension du musée signée de l'architecte Rafael Moneo. Elle est consacrée aux expositions temporaires – l'occasion souvent de dévoiler les chefs-d'œuvre du Prado conservés dans les réserves. Ce nouveau bâtiment a pour particularité d'inclure, au 2e étage, le cloître, datant de 1672, de l'**Iglesia de San Jerónimo El Real** (Calle de Ruiz de Alarcón ; parroquiasanjeronimoelreal.es ; gratuit).

Casón del Buen Retiro

Cet austère **édifice** (Calle de Alfonso XII 28) est l'un des rares vestiges du Palacio del Buen Retiro, dont la construction remonte au XVIIe siècle, et fait face au parc du même nom (p. 104). Depuis sa restauration, il abrite la bibliothèque universitaire du Museo del Prado. Un dimanche sur deux à midi (sauf durant l'été), des visites guidées permettent de découvrir la salle des ambassadeurs, dont le plafond est orné d'une fresque éblouissante de 1697 par Luca Giordano, intitulée *L'Apothéose de la monarchie espagnole*. Les visites sont à réserver au guichet "Educación", situé au niveau de la Puerta de los Jerónimos du Museo del Prado.

Les incontournables

S'émerveiller au Museo Thyssen-Bornemisza

Digne membre du "triangle d'or" artistique de Madrid, le Museo Thyssen-Bornemisza montre une extraordinaire collection d'art privée. Si la visite du musée du Prado et du Centro de Arte Reina Sofía permet d'avoir une vue globale de l'œuvre d'un artiste donné, le musée Thyssen-Bornemisza dévoile au contraire un large panorama de l'art européen, du XIIIe au XXe siècle.

PLAN P. 106, A3

www.museothyssen.org

Paseo del Prado 8

Adulte/enfant 13 €/ gratuit, gratuit lun

M Banco de España

Art religieux

Les premières salles du 2e étage sont consacrées à l'art médiéval, à savoir des peintures religieuses italiennes, allemandes et flamandes des XIIIe et XIVe siècles. L'un des points forts est la mystérieuse *Vierge à l'arbre sec* (vers 1462), de Petrus Christus, dans lequel Marie et Jésus se détachent sur un fond noir, éclairés par une lumière divine.

Salles 5 et 10

Dans la salle 5, vous découvrirez le portrait d'Henri VIII par Holbein le Jeune (1497-1543), instantanément reconnaissable. À proximité, il est possible de voir la première femme de ce dernier, Catherine d'Aragon.

Exposé dans la salle 8, *Jésus parmi les docteurs* (1506) d'Albrecht Dürer, figure de proue de la Renaissance allemande, est un tableau exceptionnel et vaguement dérangeant. Remarquez l'anagramme de Dürer inscrit sur un bout de papier dépassant d'un livre au premier plan. Poursuivez avec la salle 10 qui conserve le poignant *Massacre des innocents* (1586) de Lucas van Valckenborch.

Écoles espagnole et italienne

Dans la salle 7 sont exposées des œuvres des contemporains vénitiens, dont trois du Tintoret et une du Titien, tandis que la salle 12 abrite des œuvres du Caravage et de l'Espagnol José de Ribera.

Dans la salle 15, une crucifixion par Zurbarán et une toile de Murillo illustrent la peinture espagnole. Ne manquez pas les vues exceptionnelles de Venise signées Canaletto (1697-1768) : peu de tableaux sont devenus aussi emblématiques d'une ville que sa *Place Saint-Marc* (1723).

Avant de passer à l'art hollandais, consacrez quelques instants au sombre drame du *Jugement de Salomon* (vers 1670-1685), dans

★ Bon à savoir

- L'audioguide permet de se concentrer sur certaines œuvres en particulier, sans être submergé par l'importance de la collection.
- Le Thyssen est ouvert le lundi, et gratuit de midi à 16h. L'inconvénient, c'est qu'il est aussi souvent bondé ce jour-là. Le reste de la semaine, il est préférable d'arriver le matin dès l'ouverture.
- La collection est présentée chronologiquement, depuis le second étage jusqu'au rez-de-chaussée.

Envie d'une pause ?

Située juste derrière le Paseo del Prado, la **Cervantes Cervecería** (Plaza Jesús 7) excelle dans les plats classiques de la cuisine espagnole, comme le poulpe, la *tortilla* ou les croquettes.

Pour un repas décontracté, Maceiras (p. 77) est un excellent restaurant galicien.

la salle 14. Il s'agit d'une énorme toile de Luca Giordano, un peintre napolitain qui étudia auprès de Ribera avant de trouver grâce auprès de la cour d'Espagne, où il obtint de grandes commandes, telles que la fresque que l'on peut voir dans le Casón del Buen Retiro au Prado (p. 95).

Art hollandais du XVIIe siècle

Avec ses touches précises et son utilisation magistrale de la couleur, le portrait d'un joueur de luth de Jan Gerritszvan Bronchorst, dans la salle 23 donne le ton des quatre salles suivantes consacrées à l'art hollandais.

Les pièces importantes sont nombreuses, comme la façade d'église magnifiquement rendue par Pieter Jansz dans la salle 26 ou l'autoportrait plutôt mélancolique de Rembrandt dans la salle 27, mais tout l'ensemble est d'une qualité exceptionnelle. Par exemple, les expressions des personnages du *Mariage à la campagne* (1660), de Jan Steen, salle 25, sont un vrai régal.

Impressionnisme du XIXe siècle

Une surprise vous attend en bas. La salle 31 est sans conteste l'une des plus admirables du musée. La *Danseuse basculant* (1877-1879), de Degas, avec ses pastels lumineux, attire bien entendu les foules, mais il serait dommage de passer à côté de son étude de femme essayant un chapeau, juste à côté.

Le *Portrait de Gaston Bonnefoy* (1891), de Toulouse-Lautrec, contient une référence à la sexualité de son sujet (la ligne noire horizontale !) La même pièce renferme également des paysages de Van Gogh, Gauguin et Monet qui reflètent la dynamique de cette époque et annoncent le passage à l'abstraction, visible dans les autres salles du 1er étage.

Icônes du XXe siècle

Le reste du premier étage est rempli d'œuvres emblématiques de quelques-uns des plus grands noms de l'art du XXe siècle. Les œuvres novatrices de Picasso et Miró montrent bien pourquoi les Espagnols étaient une force sur laquelle il fallait compter, mais la collection est également très internationale.

Si vous aimez l'abstraction, vous apprécierez sans doute les symétries strictes de la *Composition en couleurs* (1931), de Mondrian, les compositions plus fluides de Kandinsky ou la géométrie douce de la *Maison giratoire* (1921) de Paul Klee. Des œuvres plus récentes et audacieuses sont aussi présentées, parmi lesquelles *Brown and Silver I* (vers 1951), de Jackson Pollock ou le minimaliste, mais étonnamment plaisant, *Untitled (Vert sur marron)* (1961), de Mark Rothko.

L'art figuratif est également représenté, depuis les représentations cauchemardesques de l'Allemagne d'avant-guerre de George Grosz jusqu'au troublant portrait de Francis Bacon de 1968,

Sainte Catherine d'Alexandrie par le Caravage au Museo Thyssen-Bornemisza

qui représente son amant condamné. Près de la toile de Bacon, vous trouverez l'œuvre de Lucian Freud, qui comprend un portrait du baron Thyssen, propriétaire de cette impressionnante collection.

L'œuvre la plus hallucinante de l'étage est sans conteste le *Rêve causé par le vol d'une abeille autour d'une grenade, une seconde avant l'éveil* (1944), de Dalí, qui montre une fois de plus la force dynamique de l'art moderne espagnol.

La collection de la baronne

Installée au rez-de-chaussée, cette collection est celle de Carmen Thyssen-Bornemisza, la veuve espagnole du baron Thyssen-Bornemisza, magnat germano-hongrois.

La salle A abrite des peintures de Canaletto et Van Gogh, tandis que les superbes salles D et E renferment des œuvres de Monet, Sisley, Renoir et Pissarro. La salle F est dominée par Gauguin (notamment son emblématique *Mata Mua* ; 1892) et Toulouse-Lautrec. Les salles G (Kandinsky), H (Matisse et Munch), J (O'Keeffe et Miró) et P (Matisse) complètent ce voyage d'une richesse inouïe.

Les incontournables

Redécouvrir Picasso au Centro de Arte Reina Sofía

C'est ici qu'est exposé Guernica *de Picasso, probablement le tableau espagnol le plus connu. On peut aussi y voir de nombreuses œuvres de célèbres artistes espagnols du XX*e *siècle, notamment de Salvador Dalí et de Joan Miró. Le Centro de Arte Reina Sofía, qui couvre une période allant du XX*e *siècle jusqu'aux années 1980, possède la plus belle collection d'art moderne et contemporain de Madrid.*

PLAN P. 106, A6

www.museoreinasofia.es

Calle de Santa Isabel 52

Tarif plein 12 €, gratuit 12h30-14h30 dim, 19h-21h lun et mer-sam

M Estación del Arte

Guernica de Picasso

Œuvre majeure du XXe siècle, le monumental *Guernica* (1937) de Pablo Picasso mesure 3,5 m sur 7,8 m. On pourrait facilement passer des heures à l'observer (salle 206, au 2e étage). Prenez le temps d'examiner les détails, puis reculez pour une vue d'ensemble sur cette extraordinaire toile.

Pour approfondir votre connaissance de *Guernica*, n'oubliez pas les esquisses que Picasso peignit en préparation de son chef-d'œuvre. Elles permettent d'avoir un aperçu du processus de développement de cette œuvre fondatrice.

Autres maîtres du cubisme

Si Picasso est à l'origine du cubisme, il a rapidement été rejoint par d'autres artistes qui en ont vu le potentiel. Les masques africains qui auraient influencé le travail de Picasso se retrouvent également dans l'œuvre du Madrilène Juan Gris (1887-1927) et dans celle de Georges Braque (1882-1963), deux maîtres incontestés du cubisme.

Joan Miró

Le travail de Joan Miró (1893-1983) est facilement reconnaissable à son emploi de couleurs vives. L'œuvre de cet artiste majeur du XXe siècle a été internationalement reconnue, bien avant qu'elle ne devienne le symbole des Jeux olympiques de Barcelone en 1992. Le musée abrite une belle collection, qui permet d'avoir un bon aperçu du travail résolument novateur de l'artiste catalan.

Salvador Dalí

Une vingtaine de toiles de Salvador Dalí sont conservées au Centro de Arte Reina Sofía. La plus célèbre est sans doute la peinture surréaliste *Le Grand Masturbateur* (1929),

★ À savoir

- La collection permanente est répartie entre le 2e et le 4e étage de l'aile principale du musée, l'Edificio Sabatini.
- *Guernica* se trouve dans la salle 206, au 2e étage.
- Les tableaux sont regroupés par thèmes – les plans en papier n'étant plus disponibles, il vous faudra utiliser le QR Code pour en télécharger un sur votre téléphone.
- Le musée est gratuit les lundis et mercredis à samedis de 19h à 21h. Le billet 2 jours coûte 18 €.

Envie d'une pause ?

Installé dans une rue calme derrière le Reina Sofia, Lacaña (p. 108) propose des tapas et des vins au verre.

- La Buga del Lobo (p. 68), dans le quartier de Lavapiés, est un bar-restaurant haut en couleur où il fait aussi bon boire que manger.

ALASTAIR WALLACE/SHUTTERSTOCK ©

La cour de Reina Sofía

une des grandes attractions du musée. Ne manquez pas non plus l'œuvre de son ami Man Ray, *Indestructible Objet* (1964), un œil qui cligne attaché à un métronome géant.

Artistes espagnols contemporains

Le Centro de Arte Reina Sofía constitue aussi une formidable occasion de découvrir des artistes espagnols du XXe siècle moins renommés, comme Alfonso Ponce de León (1906-1936), contemporain de Lorca dont le surprenant autoportrait mérite un coup d'œil, et José Solana (1886-1945), peintre qui se préoccupait des inégalités de richesses qui ont mené à la guerre civile. Dans le même ordre d'idées, les portraits sombres de gitans d'Isidre Nonell (1872-1911) sont à la fois émouvants et inquiétants.

Au milieu de tous ces hommes, on célèbre désormais l'œuvre de femmes peintres longtemps oubliées. L'une des plus talentueuses est Ángeles Santos (1911-2013), dont l'immense toile *Un monde* (1929) attire une foule presque aussi nombreuse que *Guernica*, de Picasso, juste à côté.

Sculptures

Le travail de Pablo Gargallo (1881-1934), dont les bronzes comptent un buste de Pablo Picasso, mérite également d'être souligné. Les pièces des sculpteurs basques Jorge Oteiza (1908-2003) et Eduardo Chillida (1924-2002) sont également intéressantes. Les sculptures en fer de ce dernier figurent d'ailleurs parmi les œuvres marquantes du XXe siècle.

Edificio Nouvel

Aménagé dans un ancien hôpital datant du XVIIIe siècle et doté d'imposants ascenseurs panoramiques à l'extérieur, le bâtiment du Centro Reina Sofía est en lui-même digne d'intérêt. En 2005, l'architecte français Jean Nouvel a signé une superbe extension (appelée Edificio Nouvel) du musée. Elle s'étend jusqu'à la pointe ouest de la Plaza del Emperador Carlos V et accueille des expositions temporaires, des salles, la librairie, un café et la bibliothèque du musée.

Guernica de Picasso

Guernica est à la fois un des tableaux les plus célèbres du monde, un symbole de paix et une œuvre emblématique du cubisme. Pour certains, c'est une création ouvertement politique, un moment saisi à l'instant où le monde perdait son innocence. Le défigurement de la forme humaine allait devenir la métaphore de l'indignation du monde face aux horreurs infligées aux innocents par les conflits modernes. Pour d'autres, cette toile annonce l'arrivée d'un tout nouveau genre – dont elle reste aujourd'hui l'emblème.

Après le début de la guerre civile en 1936, le gouvernement républicain de Madrid commande à Picasso une peinture pour l'Exposition universelle de Paris de 1937.

Le 26 avril 1937, la ville de Guernica, située au Pays basque espagnol, est bombardée par la Légion Condor de Hitler à la demande de Franco. Picasso retranscrit alors sa révolte et sa douleur sur la toile. Au moins 200 personnes (peut-être beaucoup plus) moururent lors de cette attaque et une grande partie de la ville fut détruite.

Pour comprendre l'impact retentissant qu'eut cette œuvre à l'époque, il faut avoir en tête que l'attaque de Guernica marque le début de l'utilisation de l'aviation militaire contre des civils ; elle annonce les ravages des armes de destruction massive lors de la Seconde Guerre mondiale.

Guernica a été une œuvre controversée et fut d'abord considérée par beaucoup comme de la propagande plutôt que de l'art. Picasso était opposé à Franco et il passa la majeure partie de sa vie en exil. La très grande toile fut envoyée aux États-Unis, où elle passa de musée en musée.

L'Espagne ne la récupéra qu'en 1981, conformément au souhait de Picasso de la voir revenir uniquement après la restauration de la démocratie. D'abord exposée au Prado, elle rejoignit les cimaises du Reina Sofía à son ouverture en 1992.

Étant donné son sujet, les Basques estiment que la toile de Picasso a sa place au Pays basque et n'ont de cesse de la réclamer. Un tel transfert est toutefois peu probable, le musée arguant de sa fragilité pour exclure tout déplacement.

Les incontournables

Se détendre dans le Parque del Retiro

Les jardins de l'ancien palais royal (Palacio del Retiro) forment désormais un vaste parc paysager ouvert au public. Entre les pelouses, les jardins à la française, les parterres de fleurs et les allées plantées de grands arbres, des monuments en marbre et quelques édifices élégants se cachent çà et là. Paisible et reposant en semaine, le parc s'anime le week-end : c'est alors le rendez-vous des Madrilènes.

PLAN P. 106, C3

Plaza de la Independencia

Gratuit

M Retiro, Príncipe de Vergara, Ibiza, Estación del Arte

Le lac (El Estanque)

Le lac artificiel est l'épicentre de l'animation du parc. Vous ne pouvez manquer, sur son côté est, le **monument à Alfonso XII** et, à son extrémité sud, la **Fuente Egipcia**. La légende raconte qu'un trésor aurait été enterré là au milieu du XVIIIe siècle. En descendant plus au sud, vous tomberez sur le **Palacio de Velázquez** (museoreinasofia.es ; entrée libre), construit en 1883.

Le Palacio de Cristal

Dissimulé derrière les arbres, également au sud du lac, le **Palacio de Cristal** (museoreinasofia.es), tout de métal et de verre, est sans doute le plus bel élément architectural du Parque del Buen Retiro. Construit en 1887, il servait de serre pour les plantes exotiques en hiver. C'est aujourd'hui un centre d'expositions.

L'Ermita de San Isidro

À l'angle nord-est du parc, l'**Ermita de San Isidro** (Paseo del Quince de Mayo 62) est l'un des rares édifices romans de Madrid. De l'édifice du XIIIe siècle, seules demeurent une porte latérale et une partie de l'abside. Juste à côté, au sud de l'Ermita de San Isidro, **La Casa de Fieras** est un ancien zoo.

La Rosaleda et El Ángel Caído

La Rosaleda se trouve à l'extrémité sud du parc. Vous serez charmé par les 4 000 roses qui se dévoilent sous vos yeux. Non loin, une statue d'**El Ángel Caído** (l'ange déchu, c'est-à-dire Lucifer) s'élève à 666 m au-dessus du niveau de la mer, tandis qu'au niveau de la **Puerta de Dante** (la porte de Dante), une fresque sculptée représente *L'Enfer* selon *La Divine Comédie*.

★ À savoir

- Si vous comptez louer un bateau le week-end, faites-le entre 15h et 16h, à l'heure du déjeuner.
- Les kiosques vendent des boissons au prix fort, il y a quelques cafés mais peu de nourriture ; le mieux est d'apporter un pique-nique.

✕ Une petite pause ?

- Idéal pour acheter de quoi grignoter ou s'asseoir le temps d'un café, le Pastelería Mallorca (p. 119) est une excellente halte en chemin pour le parc, ou au retour.
- Le Viridiana (p. 109) est un classique à Madrid, un restaurant chic et créatif où l'on mange vraiment très bien. Ouvert midi et soir, réservation vivement recommandée.

A
B
C
D
1
2
3
4
5
6
0
200 m
JUSTICIA
C de Columela
Retiro
C de Alcalá
8
Paseo de los Recoletos
C de Salustiano
Plaza de la Independencia
Puerta Independencia
Plaza del Rey
Banco de España
Plaza de Cibeles
3
CENTRO
Paseo de México
Mirador Madrid
10
4
C de Alcalá
Banco de España
Museo Nacional de Artes Decorativas
Paseo de Colombia
C de Montalbán
1
Estanque
C de Marqués de Cubas
C de los Madrazo
Paseo del Prado
C de Alfonso XII
C de Juan de Mena
9
C de Zorrilla
Plaza de la Lealtad
Puerta de España
Paseo de la Argentina
Museo Thyssen-Bornemisza
C de Antonio Maura
RETIRO
Parque del Retiro
Carrera de San Jerónimo
Paseo Parterre
C Felipe IV
Puerta Felipe IV
Museo del Prado
C de Ruiz de Alarcón
C de la Academia
C de Cervantes
C del Duque de Medinaceli
C de Morato
Paseo del Prado
C Casado del Alisal
Paseo San Pablo
C de Lope de Vega
HUERTAS
C Alberto Bosch
Jardín de los Planteles
C de las Huertas
C de Moratín
Plaza de Murillo
C de Espalter
13
6
Real Jardín Botánico
C de Alfonso XII
C del Gobernador
JERÓNIMOS
C de Fúcar
C de la Alameda
5
Caixa Forum
C de Atocha
C de Cenicero
12
Paseo de Fernán Nuñez
7
Cuesta de Claudio Moyano
Estación del Arte
C de Santa Isabel
C del Doctor Drumén
Plaza del Emperador Carlos V
Paseo de la Infanta Isabel
Centro de Arte Reina Sofía
Estación del Arte
Punto de Información Turística Reina Sofía
Av de la Ciudad de Barcelona
2
Museo Nacional de Antropología
Atocha Renfe
Paseo de la Reina Cristina
11
Ronda de Atocha
Nos adresses
Les incontournables p. 90
Voir p. 107
Se restaurer p. 108
Prendre un verre p. 109
Shopping p. 109

Le secret le mieux gardé de Retiro

En entrant dans la Casita del Pescador, située dans un coin peu connu de Buen Retiro, vous aurez presque l'impression d'être entré dans un conte de fées. Au XIXe siècle, le parc étant très endommagé suite à la guerre d'Indépendance espagnole, Ferdinand VII a tenté de faire revivre l'endroit en ordonnant la construction de cet édifice. Conçu par Isidro González Velázquez, ce *capricho* (nom donné à ce style d'œuvre architecturale) est un bâtiment fantaisiste et coquet, aux façades d'un rose lumineux décorées de peintures et de fresques de style pompéien. Il est entouré d'un étang, ce qui permet à cette petite maison de remplir sa véritable fonction : c'est là que le roi et les membres de la famille royale se retiraient pour profiter d'une journée de pêche tranquille, une canne à la main.

Recommandé par Manu García del Moral,
auteur du blog sur l'histoire locale Secretos de Madrid
@SecretosdeMadrid

Voir

Museo Nacional de Artes Decorativas

MUSÉE

1 PLAN P. 106, C2

Ce musée consacré aux arts décoratifs regorge de meubles, de faïences, de tapis et de tapisseries d'époque. L'intéressante cuisine du XVIIIe siècle, avec ses céramiques aux motifs complexes, a été transférée de Valence. Un des panneaux représente des hommes élégants portant des plateaux chargés de victuailles, tandis que sur un autre, des lapins et des poissons sont suspendus à des crochets au-dessus de la cuisinière. (Calle Montalbán 12 ; culturaydeporte.gob.es/mnartesdecorativas/portada ; tarif plein/réduit 3/1,50 €)

Museo Nacional de Antropología

MUSÉE

2 PLAN P. 106, C6

Le musée national d'anthropologie abrite une collection provenant de cultures africaines, asiatiques et américaines. L'une de ses pièces maîtresses est l'impressionnant squelette d'"el Gigante Extremeño", un géant de près de 2,5 m de hauteur, né dans une petite ville de l'ouest de l'Espagne au milieu du XIXe siècle. (Calle de Alfonso XII 68 ; culturaydeporte.gob.es/mnantropologia/portada.html ; 3 €, gratuit sam après 14h et dim et -18 ans)

Plaza de Cibeles

PLACE

3 PLAN P. 106, B1

De tous les ronds-points du Paseo del Prado, la Plaza de Cibeles

incarne le mieux la splendeur du Madrid impérial, notamment avec le **Palacio de Comunicaciones** (centrocentro.org ; gratuit). Autres édifices remarquables : le **Palacio de Linares** et la **Casa de América** (casamerica.es ; tarif plein/réduit 8/5 €), le **Palacio Buenavista** et le **Banco de España** (Banque nationale ; Calle de Alcalá 48).
Au centre, la fontaine de la déesse Cybèle est un des symboles de la ville.

Mirador Madrid POINT DE VUE

4 PLAN P. 106, B2

Pour avoir la plus belle vue sur la capitale, montez en haut du Palacio de Comunicaciones. On distingue à l'ouest la Plaza de Cibeles et, plus loin, le superbe Edificio Metrópolis, puis les montagnes. Achetez votre billet en haut des marches, prenez l'ascenseur pour le 6e étage, et poursuivez avec un autre ascenseur ou par les escaliers jusqu'au 8e étage. Entrée toutes les demi-heures environ. (Palacio de Comunicaciones, 8e ét. ; centrocentro.org ; adulte/enfant 3/2,25 €)

Caixa Forum MUSÉE, ARCHITECTURE

5 PLAN P. 106, B5

Les architectes Herzog & de Meuron ont réaménagé une ancienne centrale électrique, convertie en musée où se tiennent des expositions sur la photographie, la peinture contemporaine et les installations multimédias. L'édifice en brique, surmonté d'un toit en fer rouillé, comporte sur une de ses façades un jardin vertical (*jardín colgante*), haut de presque 7 étages conçu par le Français Patrick Blanc. (Paseo del Prado 36 ; caixaforum.org/es/madrid ; adulte/enfant 6 €/gratuit)

Real Jardín Botánico JARDINS

6 PLAN P. 106, B4

S'ils n'égalent ni l'immensité ni la popularité du Parque del Retiro, les jardins botaniques forment un havre de paix végétal en plein centre-ville. Avec quelque 30 000 espèces rassemblées sur 8 ha, ils se prêtent à la flânerie. (Plaza de Bravo Murillo 2 ; rjb.csic.es ; adulte/enfant 6 €/gratuit)

Se restaurer

Lacaña TAPAS €€

7 PLAN P. 106, A5

Niché derrière le Centro de Arte Reina Sofia, ce petit bar à tapas est le lieu parfait pour faire une pause. Outre les habituelles *croquetas* et "salades russes", cette adresse sert, le dimanche, du couscous et des gâteaux maison qui font sa réputation. Excellente sélection de vins au verre. (Calle de Santa Isabel 50)

La Ventita del Foodie by AYANTO CANARIEN €€

8 PLAN P. 106, D1

Cette petite épicerie à l'arrière du marché couvert d'Ibiza est spécialisée dans les produits des Îles Canaries. Prenez place à l'extérieur pour déguster des *papas con mojo*, pommes de terre de Tenerife accompagnées d'une sauce épicée rouge ou verte. Parmi les autres délices, citons les *empanadas* (chaussons) fourrées de tomates et de poulet, et le fromage grillé, servis avec un filet de sirop de palme. (Calle de Ibiza 8 ; laventitadelfoodie.com)

Viridiana FUSION €€€

9 PLAN P. 106, C2

Le chef Abraham García est une célébrité madrilène dont la cuisine reflète la personnalité pétillante. Son menu témoigne de beaucoup de créativité, des influences internationales et d'un choix de produits de qualité et de saison. (Calle de Juan de Mena 14 ; restauranteviridiana.com)

Palacio de Cibeles ESPAGNOL €€€

10 PLAN P. 106, B2

Un des restaurants très courus de la capitale, perché au sommet du Palacio de Comunicaciones, sur la Plaza de Cibeles. À sa tête, le chef Adolfo Muñoz choisit les basiques de la cuisine espagnole, leur apporte une touche castillane, puis se laisse guider par son inspiration du moment... Le résultat ? Riz au safran, aux légumes et au Manchego, ou pieds de porc farcis aux oignons et aux champignons sauvages. La vue est très belle, et le bar à cocktails adjacent est sympathique. (6e ét., Plaza de Cibeles 1 ; palaciodecibeles.com)

Prendre un verre

Fogg Bar Birras & Burgers BIÈRE ARTISANALE

11 PLAN P. 106, D6

Offrant neuf bières espagnoles à la pression et un beau choix de bières en bouteille, ce bar est idéal pour étancher votre soif après une longue promenade dans El Retiro. La carte affiche burgers, nachos et ailes de poulet à prix raisonnable et s'accorde au décor américain, mais la star reste la saucisse *butifara*. (Calle Moratín 5 ; foggbar.es)

Teatro Kapital CLUB

12 PLAN P. 106, B5

Cet établissement sur 7 niveaux fait partie des clubs madrilènes les plus connus. Ici, il y en a pour tous les goûts : dance music, karaoké, salsa, hip-hop, espaces détente et même un bar à ciel ouvert sur le toit. (Calle de Atocha 125 ; teatrokapital.com)

Shopping

La Fábrica LIVRES

13 PLAN P. 106, B4

Une librairie qui fait la part belle à la photographie, avec de beaux rayons sur l'architecture et l'art contemporain. Un espace d'exposition est régulièrement utilisé dans le cadre du festival de photographie PhotoEspaña. De jolies créations de designers sont disposées près de la caisse. (Calle Verónica 13 ; tienda.lafabrica.com)

Explorer

Salamanca

Salamanca est le quartier le plus chic de Madrid. Il n'y a ici que des édifices luxueux, en retrait de la rue, qui partagent l'espace avec les boutiques des stylistes les plus célèbres, d'Espagne ou d'ailleurs. Et les grands restaurants, les bars à tapas design comme les musées ne manquent pas.

À ne pas manquer

- ***Museo Lázaro Galdiano (p. 112)*** *Une collection d'art hors du commun dans une demeure bourgeoise.*
- ***Oriol Balaguer (p. 115)*** *Plongez dans un monde de douceur en poussant les portes de cette boutique du maître chocolatier espagnol.*
- ***Museo Arqueológico Nacional (p. 118)*** *Admirez ses merveilleux plafonds mudéjars à caissons.*
- ***Platea (p. 119)*** *Un ancien cinéma, un concept de restauration et de divertissement… goûtez à l'esprit de l'innovation dans ce lieu aussi étonnant qu'animé.*
- ***Casa Dani (p. 120)*** *Une institution culinaire à Madrid, en particulier pour sa* tortilla de patatas*, réputée être l'une des meilleures de la ville.*

Comment s'y rendre et circuler

M Les stations Serrano et Velázquez (toutes deux sur la ligne 4) ou Núñez de Balboa (lignes 4 et 5) sont les plus utiles – Núñez de Balboa est en hauteur, ce qui permet de n'avoir qu'à descendre… L'arrêt Gregorio Marañon (lignes 7 et 10) est idéal pour le musée Lázaro Galdiano. Ventas (lignes 2 et 5) est la station proche de la Plaza de Toros.

Plan du quartier p. 116

Museo Arqueológico Nacional (p. 118)

Les incontournables

S'émerveiller face aux œuvres du Museo Lázaro Galdiano

Cette imposante demeure néoclassique du début du XXe siècle fut celle de José Lázaro Galdiano, un riche homme d'affaires et un grand mécène. Son inestimable collection privée, léguée à la ville après sa mort, réunit 13 000 œuvres et objets d'art – notamment des toiles des grands maîtres européens de la peinture. Environ un quart est exposé de manière permanente.

PLAN P. 116, C1

www.flg.es

Calle de Serrano 122

Tarif plein/réduit 7/4 €, gratuit -7 ans et jeu 16h30-19h30

M Gregorio Marañón

Les grands maîtres

Lázaro Galdiano acquit une quantité incroyable de chefs-d'œuvre au cours de sa vie – le musée en contient suffisamment pour être considéré comme l'un des mieux dotés de la ville ! Y sont conservées, entre autres, des œuvres de Francisco de Zurbarán, Claudio Coello, Jérôme Bosch, Bartolomé Esteban Murillo, le Greco, Lucas Cranach et John Constable. Il y a même dans la salle 11 un tableau attribué à Diego Rodríguez de Silva Vélasquez.

Goya

Les peintures de Goya dominent la salle 13 ; le plafond de la salle 14, adjacente, expose un montage de quelques-uns de ses tableaux les plus célèbres. Certains sont facilement reconnaissables, comme les deux *Maja*, deux toiles conservées au Prado (p. 90), et les fresques peintes pour l'Ermita de San Antonio de la Florida (p. 56).

Collection de curiosités

Le musée conserve également des sculptures, des bronzes, des figurines, des bijoux, des céramiques, des meubles, des armes, etc. qui reflètent les nombreux centres d'intérêt de Lázaro Galdiano. Une exposition sur l'époque et le monde dans lequel vivait le collectionneur, comprenant des centaines d'objets venant du monde entier, occupe une grande partie du rez-de-chaussée. L'étage supérieur est encore plus riche en surprises.

Fresques et textiles

Le 1er étage est consacré à l'art espagnol. De nombreuses œuvres y sont exposées autour d'une ancienne salle de bal au plafond orné de superbes fresques. Ne manquez sous aucun prétexte la salle 24, au dernier étage, où sont conservés des textiles de toute beauté.

★ À savoir

- Le musée se trouve loin à pied du centre de Salamanca – le mieux est de faire l'aller en métro et le retour à pied.
- À moins que cette collection ne vous intéresse particulièrement, les guides en vente à l'entrée ne sont pas très utiles.
- Dans chaque pièce, des photos permettent de voir à quoi ressemblait la demeure du temps de Galdiano.

✕ Une petite pause ?

- Proche du musée, la Cervecería José Luis (p. 120) attire une clientèle de jeunes gens aisés venus se régaler d'une *tortilla de patatas* et d'eau minérale.

Vous trouverez également à proximité un **Tierra Burrito** (tierraburritos.com), une chaîne locale de tex mex qui propose des burritos roboratifs et bon marché avec des options véganes et végétariennes.

Promenade à pied

Shopping à Salamanca

Entre les créateurs que l'on ne présente plus et les marques espagnoles qui ne demandent qu'à être découvertes, Salamanca est le paradis des fashionistas. Ajoutez à cela d'excellentes boutiques pour gourmets et des bars à la fois sélects et décontractés, et vous obtenez tous les ingrédients pour une journée inoubliable.

La promenade

Départ Bimba y Lola ; M Serrano

Arrivée Calle de José Ortega y Gasset

Distance 2,5 km

Durée 2-4 heures

❶ Bimba y Lola

Les plus observateurs n'auront sans doute pas manqué de remarquer que les sacs **Bimba y Lola** (bimbaylola.com) sont presque partout à Madrid. C'est que la marque de luxe galicienne a récemment conquis le monde entier avec ses articles de mode tendance et abordables.

❷ Camper

On ne présente pas **Camper** (Calle de Serrano 24 ; camper.com), la célèbre marque majorquine, qui propose des chaussures de qualité, branchées, colorées et confortables.

❸ Casa Loewe

Marque de luxe la plus connue d'Espagne, **Loewe** (loewe.com) est réputée pour ses articles de maroquinerie, notamment ses sacs à main, que vous retrouverez ici, à la maison mère, ainsi que de nombreux autres accessoires.

❹ Bombonerías Santa

Quand les habitants du quartier sont invités à dîner chez des amis, ils passent d'abord à la **Bombonerías Santa** (p. 121). Craquez, vous aussi, pour ces chocolats savamment présentés.

❺ Bimani

Sortie de l'ombre de sa maîtresse à penser Ágatha Ruiz de la Prada, la créatrice Laura Corsini a donné naissance à **Bimani** (bimani.com), une éblouissante marque de vêtements qui se distingue notamment par ses élégantes robes réversibles.

❻ La Maruca

Restaurant cantabrien haut de gamme, **La Maruca** (restaurantelamaruca.com) est réputé, à juste titre, pour ses *buñuelos de bacalao* : des boulettes de morue frites, mais incroyablement légères, dans une pâte croustillante, avec une pointe d'aïoli. Vous y trouverez également une excellente *tortilla*, bien baveuse, une succulente salade de perdrix et une tarte meringuée au citron, crémeuse à souhait. Le tout est servi dans un cadre ouvert, moderne et chaleureux, avec des tables en bois.

❼ Oriol Balaguer

Le chef pâtissier catalan Oriol Balaguer travaille à bousculer les palais par des saveurs surprenantes en associant un chocolat exceptionnel à des liqueurs, des épices et des fruits. Sa **boutique** éponyme (Calle de José Ortega y Gasset 44 ; oriolbalaguer.com) évoque une galerie d'art dédiée aux créations pâtissières et à d'exquises collections cacaotées.

❽ Calle de José Ortega y Gasset

Les plus grands couturiers occupent ce que l'on appelle *la milla del oro* ("le kilomètre doré") dans la Calle de José Ortega y Gasset. Hermès et Chanel se trouvent du côté sud de la rue ; Gucci et Cartier sur le trottoir d'en face. Et la rue est encore longue !

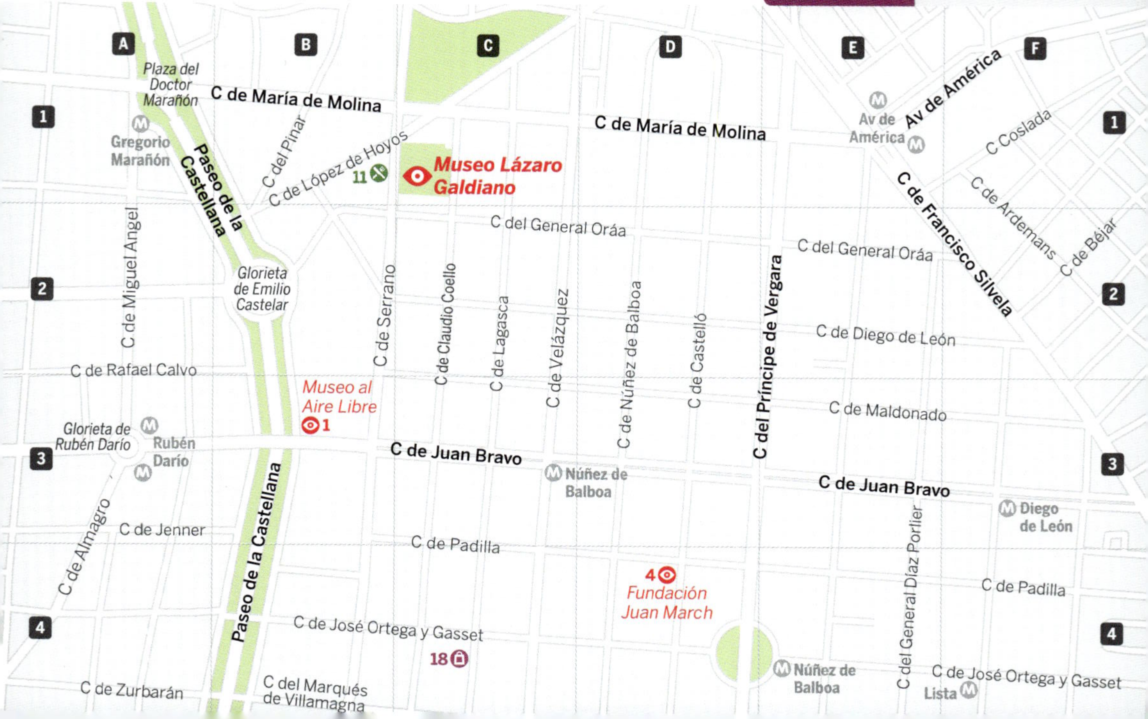
A
B
C
D
E
F
1
2
3
4
Plaza del Doctor Marañón
C de María de Molina
C de María de Molina
Gregorio Marañón
Paseo de la Castellana
C del Pinar
C de López de Hoyos
11
Museo Lázaro Galdiano
Av de América
Av de América
C Coslada
C de Francisco Silvela
C de Ardemans
C de Béjar
C del General Oráa
C del General Oráa
C de Miguel Angel
Glorieta de Emilio Castelar
C de Serrano
C de Claudio Coello
C de Lagasca
C de Velázquez
C de Núñez de Balboa
C de Castelló
C del Príncipe de Vergara
C de Diego de León
C de Rafael Calvo
Museo al Aire Libre
1
C de Maldonado
Glorieta de Rubén Darío
Rubén Darío
C de Juan Bravo
Núñez de Balboa
C de Juan Bravo
Diego de León
C de Almagro
C de Jenner
C de Padilla
4
Fundación Juan March
C del General Díaz Porlier
C de Padilla
Paseo de la Castellana
C de José Ortega y Gasset
18
Núñez de Balboa
C de José Ortega y Gasset
Lista
C de Zurbarán
C del Marqués de Villamagna

C de Fernando el Santo
Paseo de la Castellana
C de Serrano
C de Ayala
Mercado de la Paz
C de la Hermosilla
C de Claudio Coello
C de Velázquez
C de Núñez de Balboa
C de Castelló
C del Príncipe de Vergara
C del General Pardiñas
C del Conde de Peñalver
C de Alcántara
C de Don Ramón de la Cruz
C de Goya
Colón
Serrano
Velázquez
Goya
Jardines del Descubrimiento
Biblioteca Nacional
Museo Arqueológico Nacional
C de Jorge Juan
Plaza de Salvador Dalí
C de Alcalá
Príncipe de Vergara
Casa Arabe
Paseo de los Recoletos
C de Villanueva
C del Cid
C de los Recoletos
Lab Room Spa
C del Conde de Aranda
Pastelería Mallorca
C de Columela
Espacio Solo
C de Salustiano Olózaga
Plaza de la Independencia
Retiro
Parque del Retiro (Jardines de El Buen Retiro)
Av de Menéndez Pelayo
0
400 m
N
Nos adresses
Les incontournables p. 112
Voir p. 118
Se restaurer p. 119
Prendre un verre p. 120
Sortir p. 120
Shopping p. 121

Voir

Museo de Escultura al Aire Libre

MUSÉE

1 PLAN P. 116, B3

Cette collection de 17 sculptures abstraites exposées en plein air comprend des œuvres d'Eduardo Chillida, de Joan Miró, d'Eusebio Sempere et d'Alberto Sánchez, autant d'artistes espagnols qui ont marqué le XXe siècle. Les sculptures sont cachées sous le pont routier au croisement du Paseo de Eduardo Dato et du Paseo de la Castellana. Les traces de pollution dues aux voitures et les fientes de pigeon leur donnent un charme singulier... Toutes sauf une sont situées sur le côté est du Paseo de la Castellana. (Paseo de la Castellana ; gratuit)

Museo Arqueológico Nacional

MUSÉE

2 PLAN P. 116, B7

Le superbe musée national d'Archéologie a rouvert ses portes après une rénovation d'envergure. La collection explore l'histoire de l'Espagne à travers des mosaïques issues de différentes villas romaines de la péninsule, des objets datant de l'époque musulmane et mudéjare, des statuettes telles que la *Dama de Ibiza* et la *Dama de Elche*, des exemples d'architecture romane et gothique, ainsi qu'une réplique partielle des peintures rupestres de la grotte d'Altamira en Cantabrie. (Calle de Serrano 13 ; man.es ; 3 €, 14h-20h sam et 9h30-12h dim gratuit)

Biblioteca Nacional de España

MUSÉE

3 PLAN P. 116, A7

La Bibliothèque nationale (1892), qui domine le sud de la Plaza de Colón, est sans doute l'édifice le plus impressionnant élevé au XIXe siècle sur le Paseo de los Recoletos. Les bibliophiles ne manqueront pas son musée, situé en bas (entrée distincte). La visite interactive présente des presses à imprimer et d'autres machines, des manuscrits enluminés, ainsi que l'histoire des cafés littéraires et de la bibliothèque. (Paseo de los Recoletos 20 ; bne.es ; gratuit)

Fundación Juan March

CENTRE CULTUREL

4 PLAN P. 116, D4

Les expositions de cette fondation sont excellentes. Des concerts et d'autres événements s'y tiennent également toute l'année. (Calle de Castelló 77 ; march.es ; gratuit)

Casa Arabe

CENTRE CULTUREL

5 PLAN P. 116, D7

Inspiré par l'Al Andalus médiéval et les mosquées plus modernes, ce bâtiment de la fin du XIXe siècle est un magnifique exemple d'architecture néomudéjare. L'institution publique qui y est installée cherche à établir des liens culturels entre l'Espagne et le monde arabe au travers d'expositions, de conférences, de cours de langue arabe, etc. Autre point fort, sa magnifique terrasse est depuis peu occupée par Lakook, une équipe de traiteurs qui emploie des réfugiés et des migrants dans le but de les aider à s'intégrer dans la société espagnole. (Calle de Alcalá 62 ; casaarabe.es ; gratuit)

Espacio Solo

MUSÉE D'ART CONTEMPORAIN

6 PLAN P. 116, B8

Cette galerie très sélecte a un don pour remettre en question nos idées sur ce que nous considérons être de l'art. Les images générées par une intelligence artificielle comptent-elles ? Et la vidéo ? Et les jouets conçus par des graffeurs ? Tout cela mérite-t-il notre attention ? Les réservations pour une visite guidée de 50 minutes sont ouvertes une semaine à l'avance et se vendent très rapidement. C'est le seul moyen de visiter le musée. Si vous parvenez à entrer, ne manquez pas l'homme de verre en 3D de Dustin Yellin, composé de milliers de découpes minuscules de magazines. (Plaza de la Independencia 5 ; coleccionsolo.com)

Lab Room Spa

SPA

7 PLAN P. 116, B8

Spa et salon de beauté de luxe, le Lab Room n'est pas loin de la perfection pour les petits soins, pour hommes comme pour femmes. Séances de maquillage, massages, soins du visage et du corps, etc. Surprise : les prix ne sont pas exorbitants. (Calle de Claudio Coello 13 ; thelabroom.com ; massages 35-100 €, autres soins 35-270 €)

Préparer son pique-nique

Pastelería Mallorca (plan p. 116, B8 ; Calle de Serrano 6 ; pasteleria-mallorca.com) vend d'excellents plats à emporter, parfaits pour un pique-nique au Parque del Retiro, qui commence juste au sud de Salamanca.

Se restaurer

Santerra

ESPAGNOL **€€€**

8 PLAN P. 116, E5

S'il est célèbre pour ses croquettes, qui ont remporté à deux reprises le prestigieux prix des meilleures croquettes d'Espagne, le Santerra est toutefois principalement un restaurant chic destiné à une clientèle aisée. Le vert forêt du décor est à l'image du menu, qui fait la part belle au gibier et aux champignons, avec de beaux dressages d'assiettes. (Calle del General Pardiñas 56 ; santerra.es)

Platea

ESPACE GASTRONOMIQUE **€€**

9 PLAN P. 116, B6

L'ancien théâtre Carlos III a été transformé en un spectaculaire complexe gastronomique, avec 12 restaurants, 3 épiceries fines et plusieurs bars à cocktails. (Calle de Goya 5-7 ; plateamadrid.com)

Casa Dani

ESPAGNOL €

10 PLAN P. 116, C5

Installée dans le Mercado de la Paz de Salamance, la Casa Dani est prise d'assaut à l'heure du déjeuner. En semaine, il y a généralement déjà la queue à 13h. Bonne nouvelle en revanche : il n'y a pas d'heure pour savourer leur *tortilla de patatas* maison, une des meilleures de Madrid. Prenez place sur un tabouret du comptoir si vous n'avez pas envie d'attendre qu'une table se libère. (Calle de Ayala 28)

Cervecería José Luis

ESPAGNOL €€

11 PLAN P. 116, B1

Le groupe José Luis possède plusieurs établissements réputés dans la capitale. La *tortilla de patatas* (omelette de pommes de terre) est considérée par beaucoup comme la meilleure de Madrid ; l'*ensaladilla rusa* (salade russe) et les *croquetas* méritent aussi le détour. L'ambiance du restaurant de la Calle de Serrano, fréquenté par de jeunes cadres, est un peu guindée, à l'image du quartier… (Calle de Serrano 89 ; joseluis.es)

Tepic

MEXICAIN €€

12 PLAN P. 116, B5

Tepic propose une "cuisine mexicaine urbaine" dans un cadre chic. Son plat emblématique est l'Acapulco Tropical, un taco au fromage garni de viande et d'ananas, étonnament bon. (Calle de Ayala 14 ; tepic.es)

Prendre un verre

Fenix Restobar

CAFÉ

13 PLAN P. 116, A8

Avec son carrelage en échiquier et ses présentoirs à gâteaux, cet élégant et chaleureux petit salon de thé est agréable pour faire une pause. L'adresse est célèbre pour ses gâteaux faits maison. Le *tres leches* et la *banoffee pie* sont particulièrement recommandés. (Calle de Salustiano Olózaga 18 ; fenixrestobar.es)

Hey My Coffee

CAFÉ

14 PLAN P. 116, E5

Ce type d'établissement, qui propose des cafés de qualité à base de grains torréfiés sur place et fraîchement moulus est plutôt récent à Madrid. Choisissez entre un café éthiopien puissant ou un péruvien plus doux. Des pâtisseries sont aussi proposées, mais c'est clairement le café qui est la vedette. (Calle del General Díaz Porlier 34 ; heymycoffee.com)

Sortir

Fernán Gómez Centro Cultural de la Villa

CENTRE ARTISTIQUE

15 PLAN P. 116, A6

Jazz, musique classique et flamenco dominent la programmation de cette vaste salle de concerts souterraine. Avec ses sièges confortables et sa merveilleuse acoustique, c'est

Sur les traces de *La Casa de Papel*

Madrid a servi de cadre à l'une des séries les plus populaires de Netflix : *La Casa de Papel*. Les fans qui se trouveraient à Salamanca pourront se rendre au nord du quartier pour apercevoir la cible du premier vol, la fabrique nationale de la monnaie, qui est en fait le Consejo Superior de Investigaciones Científicas, au 117 de la Calle Serano. Il n'est pas possible de s'approcher de ce bâtiment, mais vous trouverez au 36 de la Calle Doctor Esquerdo, juste à côté de la véritable fabrique nationale de la monnaie, le **Museo Casa de la Moneda** (museocasadelamoneda.es), qui retrace l'histoire de la production de pièces et de billets.

Dans la deuxième saison, l'équipe prend pour cible la Banque d'Espagne. Ici encore, il ne s'agit pas de la véritable banque, mais du ministère des Travaux publics, qui se situe au nord, au 67 Paseo Castellana. La véritable **Banque d'Espagne** (Banco de España ; p. 108) est située dans le centre-ville. Même si vous ne pourrez y entrer, cela peut valoir la peine de jeter un œil à ses splendides extérieurs. Détail intéressant : la chambre forte de la banque en question se retrouve automatiquement inondée si quelqu'un tente d'y pénétrer.

Dès le début, les braqueurs se donnent le nom de capitales afin de préserver leur anonymat. Il y a Tokyo, Rio et Berlin, mais aucun personnage qui se nomme Madrid, peut-être parce que la ville elle-même occupe une place centrale dans la série. Parmi les autres endroits que l'on y retrouve, citons la Plaza del Callao, le rooftop du **Círculo de Bellas Artes** (p. 80) et Cuatro Torres.

un endroit conçu pour ravir les mélomanes. Le centre accueille aussi des expositions. (Plaza de Colón 4 ; teatrofernangomez.es)

Shopping

Mantequería Bravo ÉPICERIE FINE

16 PLAN P. 116, B5

La belle façade ancienne cache un paradis pour les gourmets qui y achètent fromages, saucissons, vins et cafés. La Mantequería Bravo a remporté il y a peu le prix de la meilleure épicerie fine de Madrid. (Calle de Ayala 24 ; mantequeriasbravo.com)

Bomboneriás Santa PÂTISSERIES, CHOCOLATS

17 PLAN P. 116, B5

Si le plaisir des yeux est pour vous aussi important que celui des papilles, vous apprécierez les chocolats de cette minuscule boutique. Comptez environ 60 € le kilo de chocolat. (Calle de Serrano 56 ; bombonerias-santa.com)

Balenciaga

MODE, ACCESSOIRES

18 PLAN P. 116, C4

La boutique de la marque de luxe basque Balenciaga possède une somptueuse déco toute en marbre et en pierre. (Calle de Lagasca 75 ; balenciaga.com)

Castañer

ESPADRILLES

19 PLAN P. 116, B5

Castañer vend des *alpargatas* (espadrilles) faites main depuis 1927. Mais ne vous méprenez pas, il ne s'agit pas ici d'espadrilles de plage, mais de chaussures d'une élégance certaine aux finitions soignées, en toile ou en satin. (Calle de Claudio Coello 51 ; castaner.com)

Isolée

CONCEPT-STORE

20 PLAN P. 116, B5

Les concept-stores ont mis du temps à s'installer à Madrid ; mais ils font désormais fureur !

Aucun n'est plus chic qu'Isolée, qui est aussi le plus ancien. On y propose toute une sélection d'articles branchés : vêtements, chaussures même un coin épicerie. (Calle de Claudio Coello 55 ; isolee.com)

Ekseption

MODE, ACCESSOIRES

21 PLAN P. 116, C6

Cette belle boutique multimarque donne une idée des dernières tendances. On y trouve des modèles de défilés, ainsi que des

Mantequería Bravo (p. 121)

tenues plus décontractées mais toujours sophistiquées. Le chic urbain est à l'honneur, avec des marques comme Balenciaga, Givenchy, Gucci et Dries Van Noten. (Calle de Velázquez 28 ; ekseption.com)

Purificación García
MODE, ACCESSOIRES

22 PLAN P. 116, B6

Quelle que soit la tendance, Puri s'en sort à merveille ! La collection (hommes et femmes), élégante et maîtrisée, se porte aussi bien au bureau que pour un mariage. (Calle de Serrano 28 ; purificaciongarcia.com)

Cristina Oria
CUISINE

23 PLAN P. 116, B8

Dans les cuisines de Cristina Oria, on prépare des mets gourmands idéaux pour pique-niquer ou offrir. Le choix de conserves est impressionnant, et on peut aussi y acheter du vin. Les emballages sont soignés et le service est très professionnel. (Calle del Conde de Aranda 6 ; cristinaoria.com)

Mercado de la Paz

Gentrification oblige, plusieurs petits restaurants se sont installés dans le **Mercado de la Paz** (Plan p. 116, C5 ; mercadodelapaz.com), mais il demeure à la base un marché local. Fruits et légumes, viande et poisson sont à l'honneur ; on trouve aussi toutes sortes d'autres produits et des plats à emporter (notamment de la charcuterie et du fromage).

Deviaje
LIVRES

24 PLAN P. 116, B5

On trouve ici, dans la plus grande librairie de voyage de la capitale, de beaux livres, des guides et de la littérature de voyage. Toutes les régions du monde sont couvertes, avec une majorité de titres en espagnol. Personnel serviable. Il y a aussi une agence de voyages et un espace boutique avec des vêtements de marque North Face, Columbia et Helly Hansen. (Calle de Serrano 41 ; deviaje.com)

Les incontournables

Remonter le temps à la Plaza de Toros et au Museo Taurino

Les arènes de Las Ventas (Plaza de Toros Monumental de Las Ventas) sont les arènes les plus prestigieuses en Espagne et dans le monde.Leur visite constitue une excellente introduction à la tauromachie. Et pour ceux que la corrida n'intéresserait pas, l'architecture du bâtiment mérite vraiment le détour.

www.las-ventas.com

Calle de Alcalá 237

Gratuit

M La station Las Ventas (lignes 2 et 5) se trouve juste à côté des arènes.

Architecture

Avec une capacité d'accueil de près de 25 000 places, les arènes Las Ventas sont parmi les plus grandes d'Espagne. Elles furent construites en 1931 dans un style néomudéjar (style mauresque).

Puerta de Madrid

La Puerta de Madrid ou Puerta Grande, de style mauresque, est surnommée à juste titre "porte de la gloire" : le public madrilène a la réputation d'être le plus exigeant d'Espagne et s'il porte un torero en vainqueur par la porte, c'est que ce dernier a véritablement réalisé une performance exceptionnelle...

Visites guidées privées

Il est possible de visiter les arènes avec un audioguide. Toutefois, nous recommandons la **visite guidée privative**, lors de laquelle vous foulerez le sable de la piste et accéderez à la loge royale ; elle inclut également le Museo Taurino. Circuits sur réservation uniquement – certains sont en français, renseignez-vous.

Museo Taurino

Situé dans les arènes, le **Museo Taurino** (lasventastour.com/fr/larene/musee-taurin/ ; gratuit, compris dans la visite des arènes) occupe un espace rénové dans le Patio de Caballos, une des deux cours jouxtant la piste. Il est dédié à l'art de la tauromachie et aux toreros légendaires, en particulier Manolete. On peut y voir une belle collection d'accessoires et de costumes (le *traje de luces* ou habit de lumière). La visite permet de plonger dans l'histoire et la tradition de la tauromachie et de s'en faire une idée plus concrète.

★ Bon à savoir

- Les personnes qui n'aiment pas la tauromachie risquent, bien entendu, d'être très mal à l'aise devant les vidéos de corridas et les taureaux empaillés. Aussi, si vous êtes dans ce cas, mieux vaut vous contenter d'admirer l'extérieur.
- Une expérience aseptisée de corrida en réalité virtuelle est disponible pour les enfants lors de la visite, mais gardez à l'esprit l'avertissement ci-dessus avant de réserver votre billet familial !

Une petite pause ?

Pour avoir un aperçu complet de la culture qui entoure la corrida, faites une halte dans l'un des nombreux bars installés aux abords de la place. La plupart sont fréquentés par les aficionados de la corrida, à mille lieues de l'atmosphère touristique de Madrid.

Explorer

Malasaña et Chueca

C'est dans Malasaña et Chueca, deux quartiers du centre, que l'on peut découvrir le vrai visage de Madrid et la vie des Madrilènes. La vie nocturne, les boutiques et les restaurants contribuent largement à son atmosphère prégnante et son caractère affirmé. Laissez-vous porter par l'énergie qui s'en dégage pour passer des moments mémorables.

À ne pas manquer

- ***Malasaña vintage (p. 128)*** *Vous aimez la mode vintage ? Vous adorerez les boutiques de la Calle de la Cordera Baja de San Pablo et de la Calle de Espíritu Santo.*
- ***Museo de Historia de Madrid (p. 132)*** *Plongez au cœur de l'histoire de la ville pour une heure ou deux.*
- ***La Barraca (p. 134)*** *Savourez la meilleure paella de Madrid dans ce chaleureux restaurant valencien.*
- ***Museo Chicote (p. 135)*** *Commandez un cocktail dans ce bar glamour et vous marcherez sur les traces des stars hollywoodiennes des années 1930.*

Comment s'y rendre et circuler

M La station Chueca (ligne 5) se trouve en plein cœur du quartier éponyme ; son équivalent à Malasaña est l'arrêt Tribunal (lignes 1 et 10), également pratique pour aller au centre culturel Conde-Duque. Les stations San Bernardo, Bilbao, Alonso Martínez, Gran Vía et Callao desservent aussi les deux quartiers.

Plan du quartier p. 130

Chueca VICTOR LAFUENTE ALONSO/SHUTTERSTOCK ©

Contre-culture à Malasaña

L'esprit de la Movida est aujourd'hui encore très présent dans les bars, clubs et boutiques branchés du quartier de Malasaña – il faut dire que c'est ici qu'est née la révolution culturelle et sociale des années 1980. De l'autre côté de la Calle Fuencarral, Chueca est un barrio *réputé pour sa vie nocturne gay. Les deux quartiers sont peuplés de jeunes à la pointe des tendances, qui ne pensent qu'à faire la fête et à repousser leurs limites.*

La promenade

Départ Mucho Vintage ; M Tribunal

Arrivée Plaza del Dos de Mayo ; M Tribunal

Distance 1,5 km

Durée 2-3 heures

❶ Mucho Vintage

Des épais pulls scandinaves aux shorts hawaïens, **Mucho Vintage** vend de tout à des prix extrêmement raisonnables. Une adresse qui peut s'avérer très pratique compte tenu du climat notoirement instable de Madrid !

❷ Flamingos Vintage Kilo

Flamingos Vintage Kilo (vintagekilo.com) vend des vêtements vintage pour hommes et femmes dans une laiterie de quartier reconvertie qui a conservé une partie de ses œuvres d'art d'origine. On y trouve une grande sélection de jeans, de santiags, de vestes en cuir et de chemises hawaïennes.

❸ Lolina Vintage Café

Le **Lolina Vintage Café** (Calle del Espíritu Santo 9 ; lolinacafe.com) affiche un look rétro très étudié (chaises et fauteuils vintage, miroirs dorés et papier peint des années 1970), qui suggère que le nouveau Malasaña a su garder le charme de l'ancien.

❹ Casa Julio

S'il fallait élire les meilleures *croquetas* de Madrid, la **Casa Julio** (Calle de la Madera 37) obtiendrait facilement le prix. U2 a choisi ce bar pour une séance photo il y a quelques années.

❺ Pez Tortilla

Pez Tortilla (Calle del Pez 36 ; peztortilla.com) propose 15 *tortillas* différentes, de savoureuses *croquetas* et plus de 70 bières artisanales ! Mention spéciale pour les *croquetas* à l'encre de seiche et la *tortilla* aux truffes et au *jamón*.

❻ Chopper Monster

Visiter **Chopper Monster** (Calle Corredera Alta de San Pablo 21 ; choppermonster.com) donne l'impression d'être mort puis ressuscité au paradis du rockabilly : crânes mexicains, mode fifties et vinyles à foison, cette boutique est furieusement rock'n'roll.

❼ Tupperware

Pilier de Malasaña, le **Tupperware** (facebook.com/Tupperwarebar) attire une clientèle de trentenaires, passe du rock indé ponctué d'un peu de soul et de grands classiques des années 1960-1970, le tout dans une atmosphère kitsch.

❽ La Vía Láctea

Vestige plein de vie et délicieusement grunge de la Movida, **La Vía Láctea** (Calle de Velarde 18 ; facebook.com/lavialacteabar) est un bar incontournable à Malasaña. La clientèle est décontractée ; la musique oscille entre rock, pop, garage, rockabilly et indé.

❾ Plaza del Dos de Mayo

Haut lieu de la vie du quartier, la Plaza del Dos de Mayo est empreinte d'un esprit à la fois rebelle et chaleureux. En journée, les habitants y promènent leurs chiens ou se baladent en famille. Le soir, la place se remplit et la foule célèbre la liberté qu'offre la vie madrilène.

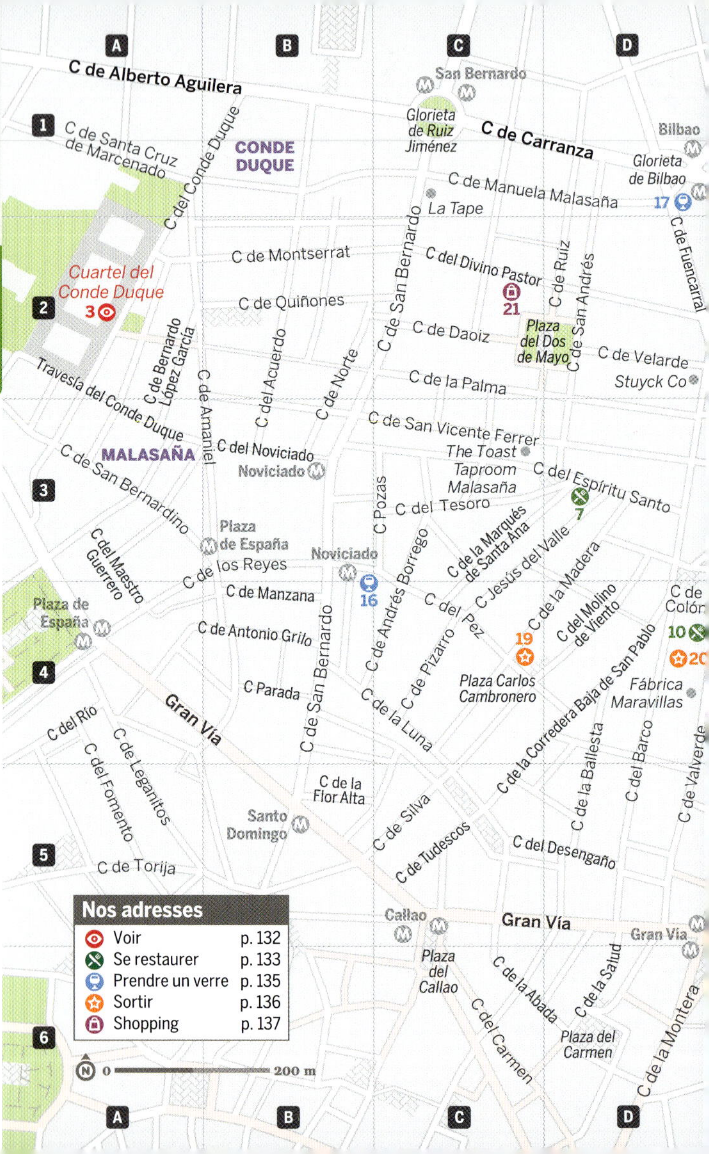
A
B
C
D
1
2
3
4
5
6
C de Alberto Aguilera
San Bernardo
Glorieta de Ruiz Jiménez
C de Carranza
Bilbao
Glorieta de Bilbao
C de Santa Cruz de Marcenado
C del Conde Duque
CONDE DUQUE
C de Manuela Malasaña
La Tape
17
C de Fuencarral
C de Montserrat
C de San Bernardo
C del Divino Pastor
C de Ruiz
C de San Andrés
Cuartel del Conde Duque
3
C de Quiñones
21
Plaza del Dos de Mayo
C de Daoiz
C de Velarde
Stuyck Co
C de Bernardo López García
C del Acuerdo
C de Norte
C de Amaniel
Travesía del Conde Duque
C de la Palma
C de San Vicente Ferrer
The Toast
MALASAÑA
C del Noviciado
Noviciado
Taproom Malasaña
C del Espíritu Santo
C de San Bernardino
C Pozas
C del Tesoro
7
Plaza de España
C de la Marqués de Santa Ana
C Jesús del Valle
C del Maestro Guerrero
C de los Reyes
Noviciado
C de Andrés Borrego
C de la Madera
16
C de Manzana
C del Pez
C del Molino de Viento
C de Colón
Plaza de España
C de Antonio Grilo
19
10
20
C de San Bernardo
C de Pizarro
C de la Corredera Baja de San Pablo
C Parada
Plaza Carlos Cambronero
Fábrica Maravillas
C del Río
Gran Vía
C de la Luna
C de Leganitos
C del Fomento
C de la Flor Alta
C de la Ballesta
C del Barco
C de Valverde
Santo Domingo
C de Silva
C de Tudescos
C del Desengaño
C de Torija
Callao
Gran Vía
Gran Vía
Plaza del Callao
C de la Abada
C de la Salud
C del Carmen
Plaza del Carmen
C de la Montera
Nos adresses
Voir p. 132
Se restaurer p. 133
Prendre un verre p. 135
Sortir p. 136
Shopping p. 137
0
200 m

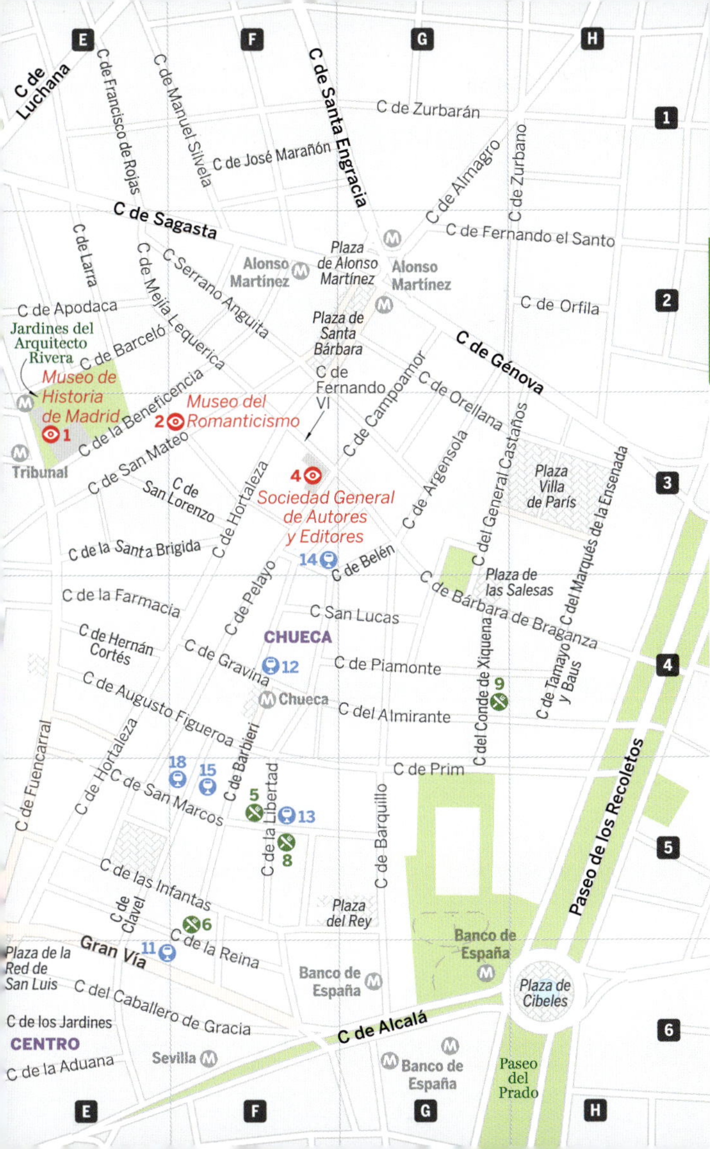
E
F
G
H
1
2
3
4
5
6
C de Luchana
C de Francisco de Rojas
C de Manuel Silvela
C de Santa Engracia
C de Zurbarán
C de José Marañón
C de Almagro
C de Zurbano
C de Sagasta
C de Fernando el Santo
C de Larra
C de Mejía Lequerica
C Serrano Anguita
Alonso Martínez
Plaza de Alonso Martínez
Alonso Martínez
C de Orfila
C de Apodaca
Jardines del Arquitecto Rivera
C de Barceló
Plaza de Santa Bárbara
C de Fernando VI
C de Génova
Museo de Historia de Madrid
1
C de la Beneficencia
2
Museo del Romanticismo
C de Campoamor
C de Orellana
Tribunal
C de San Mateo
C de San Lorenzo
C de Hortaleza
4
Sociedad General de Autores y Editores
C de Argensola
C del General Castaños
Plaza Villa de París
C del Marqués de la Ensenada
C de la Santa Brigida
14
C de Belén
C de Pelayo
Plaza de las Salesas
C de Bárbara de Braganza
C de la Farmacia
C San Lucas
CHUECA
C de Hernán Cortés
C de Gravina
12
C de Piamonte
C de Xiquena
C de Tamayo y Baus
C del Conde de Xiquena
9
Chueca
C del Almirante
C de Augusto Figueroa
C de Barbieri
C de Fuencarral
C de Hortaleza
18
15
C de San Marcos
C de Prim
Paseo de los Recoletos
5
C de la Libertad
13
8
C de Barquillo
C de las Infantas
C de Clavel
Plaza del Rey
6
C de la Reina
11
Plaza de la Red de San Luis
Gran Vía
Banco de España
Banco de España
C del Caballero de Gracia
Plaza de Cibeles
C de los Jardines
C de Alcalá
CENTRO
Sevilla
C de la Aduana
Banco de España
Paseo del Prado

Voir

Museo de Historia de Madrid MUSÉE

1 PLAN P. 130, E3

Vous serez d'abord frappé par l'entrée de style baroque, réalisée en 1721 par Pedro de Ribera et rénovée récemment. Dans la collection, axée sur l'histoire de Madrid, ne manquez pas l'*Alegoría de la Villa de Madrid* de Goya (1er étage), les caricatures de Napoléon et de l'occupation française en 1808 (1er étage), et surtout, au rez-de-chaussée, la carte de Madrid par Teixera (1656). (Calle de Fuencarral 78 ; madrid.es/museodehistoria ; gratuit)

Museo del Romanticismo MUSÉE

2 PLAN P. 130, F3

Cet étonnant musée se consacre au romantisme du XIXe siècle. Il renferme un véritable petit trésor de peintures, de mobilier, de porcelaines, de livres, de photos et d'autres objets d'une époque révolue, offrant un aperçu de ce qu'étaient les maisons bourgeoises au XIXe siècle. La maison de poupée géante, remplie de personnages animés du XIXe siècle qui vaquent à leurs occupations, ne manquera pas de plaire aux enfants.

Le musée occupe un manoir de la fin du XVIIIe siècle qui a été transformé en musée en 1924 par le Marqués de la Vega-Inclán (qui a participé à la création des hôtels de luxe *paradores*). L'accès au musée est limité à 100 visiteurs à la fois. (Calle de San Mateo 13 ; culturaydeporte.gob.es/mromanticismo/inicio.html ; tarif plein/réduit 3/1,50 €, gratuit enfant, sam après 14h et dim)

Cuartel del Conde Duque CENTRE CULTUREL

3 PLAN P. 130, A2

Avec son imposante façade qui s'étend sur 228 m, cette ancienne caserne domine Conde Duque du côté ouest de Malasaña. Construite en 1717 sous les auspices de l'architecte Pedro de Ribera, elle se distingue par son extravagante porte du XVIIIe siècle, chef-d'œuvre du style baroque churrigueresque.

Aujourd'hui, elle accueille un centre culturel qui abrite les archives du gouvernement, des bibliothèques, l'Hemeroteca Municipal (la plus grande collection de journaux et de magazines d'Espagne), des expositions temporaires et le **Museo Municipal de Arte Contemporáneo** (madrid.es/museoartecontemporaneo).

Les nuits d'été, l'un des deux grands patios devient un très beau lieu de concerts. Les programmes des expositions et des concerts sont affichés à l'extérieur. (Calle del Conde Duque 11 ; condeduquemadrid.es ; entrée libre)

La Movida Madrileña

Après la mort de Franco et l'arrivée de la démocratie, les Espagnols, et en particulier les Madrilènes, s'emparèrent de la rue et amorcèrent un grand virage social et culturel. Pour ce mouvement libertaire appelé *movida madrileña* (du verbe *mover*, "bouger"), rien n'est tabou. L'alcool, la drogue et le sexe ne posent soudain plus de problème. On fait la fête toute la nuit. On peut prendre de la drogue en public (ce qui, jusqu'en 1992, n'est pas considéré comme une infraction). Bref, un vent de folie souffle sur la ville.

La Movida fut soutenue par Enrique Tierno Galván, un professeur d'université à la retraite, figure emblématique de l'opposition au régime de Franco. Il fut élu maire de Madrid en 1979 et, pour beaucoup, amorça la Movida en lançant un rassemblement public consistant "*a colocarse y ponerse al loro*", que l'on pourrait traduire par "se défoncer et faire ce qui est cool". Lorsqu'il mourut, en 1986, un million de personnes assistèrent à ses funérailles.

La Movida est avant tout une explosion de créativité artistique : musiciens, plasticiens, photographes, réalisateurs font sauter tous les cadres. On dit que Madrid comptait alors quelque 300 groupes de rock et 1 500 stylistes. Le réalisateur Pedro Almodóvar est le plus célèbre d'entre eux. Ses premières réalisations, à partir de 1980, incarnent réellement l'esprit du mouvement.

Les choses se sont un peu calmées depuis cette époque grisante, mais le quartier impulse encore une grande liberté d'esprit.

Sociedad General de Autores y Editores

ARCHITECTURE

4 PLAN P. 130, F3

Cet édifice évoque les bâtiments d'Antoni Gaudí à Barcelone. Il est une ode joyeuse au modernisme catalan, un style architectural et artistique influencé par l'Art nouveau, et rare à Madrid. Les curieux ne sont pas les bienvenus à l'intérieur, mais la façade est en soi impressionnante. (Calle de Fernando VI 4)

Se restaurer

Bazaar

ESPAGNOL **€**

5 PLAN P. 130, F5

Bazaar est une des adresses les plus chics du quartier de Chueca. Le restaurant, tout de blanc décoré, possède de larges baies vitrées qui laissent passer la lumière du jour. On a l'impression d'être dans une des pages du magazine people *¡Hola!*, mais les prix restent raisonnables et l'atmosphère décontractée.

La cuisine est très créative. (Calle de la Libertad 21)

La Barraca

VALENCIEN €€

6 PLAN P. 130, F5

Envie d'une vraie paella ? C'est par là ! Ici, les chefs mettent un point d'honneur à préparer une cuisine valencienne de qualité depuis 1935. Goûtez l'*esgarrat con aceite de oliva* (poivrons rouges grillés et morue) ou, bien entendu, ce que beaucoup considèrent comme la meilleure paella de Madrid.

La Barraca sert toutes sortes de paellas, mais la véritable, la valencienne, avec haricots et viande (poulet et/ou lapin), est la spécialité de l'établissement. Vous pouvez commander une paella à partir de 2 personnes. (Calle de la Reina 29 ; labarraca.es)

Avocado Love

VÉGÉTARIEN €€

7 PLAN P. 130, D3

Portant l'obsession des hipsters à un niveau qui frise le ridicule, mais qui, étonnamment, fonctionne à merveille, ce restaurant ne propose que des plats à base d'avocat, des cannellonis à la *causa* (un joli plat péruvien à base de purée de pommes de terre). Disponible du lundi au jeudi, le menu du jour est une vraie bonne affaire à 13 €. Il comprend même des desserts végans étonnamment crémeux. (Calle del Espíritu Santo 15 ; avocadolove.es)

La Carmencita

ESPAGNOL €€

8 PLAN P. 130, F5

Une adresse incontournable à Madrid depuis 1854. Le poète chilien Pablo Neruda y avait ses habitudes. Aujourd'hui, cet établissement propose plus de 75 recettes espagnoles traditionnelles, parfois remises au goût du jour. (Calle de la Libertad 16 ; tabernalacarmencita.es)

La Buena Vida

ESPAGNOL €€€

9 PLAN P. 130, G4

Ce restaurant est une des adresses les plus prestigieuses de Chueca et une des meilleures de la ville. On y croise une clientèle intellectuelle et aisée. Le menu de saison tend vers les classiques espagnols, même si des plats comme le "faux-filet" de thon rouge, guacamole et graines de sésame laissent entendre que les cuisiniers n'ont rien contre une petite fantaisie de temps en temps. (Calle del Conde de Xiquena 8 ; restaurantelabuenavida.com)

Bodega de la Ardosa

TAPAS €

10 PLAN P. 130, D4

Ce joli bar lambrissé de bois est une institution depuis 1892. Il faut absolument goûter le *salmorejo* (crème servie froide, à base de tomates, de pain, d'huile, d'ail et de vinaigre), les *croquetas* (croquettes) ou la *tortilla de patatas*. Le week-end, il y a foule le soir. (Calle de Colón 13 ; laardosa.es)

Prendre un verre

Museo Chicote

BAR À COCKTAILS

11 PLAN P. 130, E6

Ce bar des années 1930, avec son intérieur d'époque, est une institution à Madrid. Le fondateur aurait inventé plus de 100 cocktails, que des grands noms tels qu'Ernest Hemingway, Ava Gardner, Grace Kelly, Sophia Loren et Frank Sinatra sont venus déguster en leur temps. (Gran Vía 12 ; museochicote.com)

Antigua Casa Ángel Sierra

BAR À COCKTAILS

12 PLAN P. 130, F4

Cette *taberna* (taverne) historique, qui n'a presque pas changé depuis 1917, est aux antipodes des bars chics et modernes de Chueca. La bière est "bien tirée" (*bien echada*) et on y sert aussi du vermouth pression. Le lieu est très animé le week-end en soirée, les clients s'installant jusque sur la trépidante Plaza de Chueca. (Calle de Gravina 11 ; tabernadeangelsierra.es)

Diurno

CAFÉ

13 PLAN P. 130, F5

Un haut lieu du quartier ! Le Diurno est à Chueca ce que les cafés littéraires étaient autrefois aux quartiers d'artistes. Il y a toujours foule et l'ambiance est joyeuse. (Calle de San Marcos 37 ; diurno.com)

Restaurant, mode d'emploi

Les Espagnols sont réputés pour dîner tard et c'est particulièrement vrai à Malasaña et Chueca, où de nombreux restaurants sont ouverts de 20h à minuit. Les week-ends sont particulièrement chargés et nous vous recommandons de réserver si vous souhaitez une table. Depuis la pandémie, la norme est de n'accorder aux clients qu'un créneau d'une heure et demie, mais cette règle est rarement appliquée de manière stricte les jours de semaine.

Café Belén

BAR

14 PLAN P. 130, F3

Le Café Belén a de quoi séduire : musique cool, éclairage tamisé, large choix de boissons (les mojitos sont vraiment excellents) et une clientèle discrète qui maîtrise l'art du chic décontracté. Un des meilleurs bars de Chueca. (Calle de Belén 5 ; elcafebelen.com)

YOU&ME

GAY ET LESBIEN

15 PLAN P. 130, F5

Ce bar à cocktails discret propose des *copas* avec des *jelly beans* à une clientèle gay et lesbienne. (Calle San Bartolomé 6 ; facebook.com/youandmechueca)

1862 Dry Bar

BAR À COCKTAILS

16 PLAN P. 130, B4

Des cocktails très réussis et une atmosphère "chic mais pas trop" font de ce bar une excellente adresse dans le sud de Malasaña. Prix raisonnables et longue carte de cocktails, avec des nouveautés tous les mois. (Calle del Pez 27 ; facebook.com/1862DryBar)

Café Comercial

CAFÉ

17 PLAN P. 130, D1

Le doyen des cafés de la ville, toujours animé, a une place privilégiée dans le cœur de nombreux habitants. On y vient pour un simple café ou une collation, servis sur des tables de marbre ; et l'on se sent alors comme un acteur de la scène littéraire et artistique madrilène...

L'établissement a fermé en 2015, mais le tollé a été tel que de nouveaux propriétaires ont été trouvés pour lui redonner vie. Madrid n'était plus tout à fait Madrid sans le Comercial. (Glorieta de Bilbao 7 ; cafecomercialmadrid.com)

Teatro Flamenco Madrid

Why Not?

CLUB

18 PLAN P. 130, F5

Un petit club en sous-sol où l'on passe la pop et les tubes du moment. La clientèle homo et hétéro est autant d'humeur à faire la fête qu'à flirter. L'endroit est bondé presque tous les soirs. (Calle de San Bartolomé 7)

Sortir

Teatro Flamenco Madrid

FLAMENCO

19 PLAN P. 130, C4

Cette salle de flamenco est vraiment un "bon plan" : le flamenco (danse, chant et guitare) y est d'excellente qualité et, contrairement aux *tablaos* plus classiques, on n'y propose pas la formule plus guindée dîner-spectacle. Le public est composé d'habitants et de touristes ; ambiance extraordinaire pendant les spectacles (1 heure). Prix un cran en dessous des autres établissements.

La salle présente aussi des créations théâtrales autour du flamenco. (Calle del Pez 10 ; teatroflamencomadrid.com)

La bière artisanale à Malasaña

Si Madrid a mis longtemps avant de s'intéresser au monde des bières artisanales, aujourd'hui, Malasaña est spécialiste en la matière.

La Fábrica Maravillas (plan p. 130, D4 ; Calle de Valverde 29 ; fmaravillas.com) est l'une des plus anciennes brasseries artisanales de la ville. Sa "Malasaña Ale" est devenue un classique. **La Tape** (plan p. 130, C1 ; Calle de San Bernardo 88 ; latape.com) offre sans nul doute la plus large sélection. **The Toast Taproom Malasaña** (plan p. 130, C3 ; thetoast.es) possède également un bon choix, avec 24 bières artisanales à la pression, dont celle de sa propre microbrasserie. Si vous cherchez un endroit où les pressions changent régulièrement, essayez le **Stuyck Co** (plan p. 130, D2 ; Calle Corredera Alta de San Pablo 33 ; thestuyckco.com).

Sala BarCo

MUSIQUE LIVE

20 PLAN P. 130, D4

Situé juste avant la partie où Malasaña déborde dans l'arrière peu recommandable de la Gran Vía, Sala BarCo est une extraordinaire discothèque et lieu de concert spécialisé dans l'indé, l'électro et la jungle. Les concerts débutent vers 23h et durent jusqu'au petit matin. (Calle del Barco 34 ; salabarco.com)

Shopping

Antigua Casa Crespo

CADEAUX ET SOUVENIRS

21 PLAN P. 130, C2

En activité depuis 1863, cette adresse est une véritable institution locale. Elle en est à sa cinquième génération de propriétaires et ces derniers sont aussi sympathiques que fiers de ce patrimoine. Autrefois fabricant d'espadrilles pour la reine Sofia, c'est l'un des rares magasins qui vend encore des *alpargatas* faites à la main avec de la véritable corde d'*esparto*. Les styles sont modernes et les prix vraiment raisonnables. (Calle del Divino Pastor 29 ; antiguacasacrespo.com)

Promenade à pied

Vie de quartier à Chamberí

Le quartier plutôt aisé de Chamberí est bien connu pour être un des plus castizos (un terme difficile à traduire, à mi-chemin entre "traditionnel" et "authentique") de la capitale. En dehors des circuits touristiques, la Plaza de la Olavide, emblématique, ainsi que les boutiques à l'ancienne du quartier sont l'endroit idéal pour profiter d'une atmosphère incomparable et découvrir un des vrais visages de Madrid.

Depuis/vers Chamberí

M Les stations Iglesia (ligne 1), Bilbao (lignes 1 et 4) et Quevedo (ligne 2) pour le point de départ.

M Les stations Alonso Cano (ligne 7) et Iglesia (ligne 1) sont proches du point d'arrivée.

❶ Glissando

Glissando (glissandoguitar.com) propose des cours de fabrication de guitares en anglais et en espagnol. Si vous êtes simplement curieux de savoir comment les guitares sont fabriquées, n'hésitez pas à entrer dans l'atelier pour jeter un œil. L'atelier est ouvert aux horaires de bureau espagnols et le personnel répond volontiers aux questions.

❷ Relojería Santolaya

Spécialiste de la réparation des pendules anciennes depuis 1867, la **Relojería Santolaya** (Calle Murillo 8 ; relojeriasantolaya.com) est l'horlogerie officielle de la famille royale. Il n'y a pas grand-chose à vendre, mais on peut y admirer un art en voie de disparition.

❸ Plaza de Olavide

La **Plaza de Olavide** est le cœur de la vie de quartier à Chamberí. Les bancs, les aires de jeux et les tables de pique-nique invitent à la détente. Au n°3, à l'intérieur du Bar Méntrida, les murs affichent d'anciennes photos de la place.

❹ Tacos Chapultepec

Tacos Chapultepec (tacoschapultepec.com) propose d'authentiques tacos mexicains avec tout un choix de sauces piquantes incroyables. Les plus téméraires essaieront les margaritas glacées avec leur verre au bord couvert de piment et de sel.

❺ Estación de Chamberí

Pendant de longues années, les Madrilènes se sont demandé ce qu'il était advenu de leur station de métro. Fermée en 1966, l'**Estación de Chamberí** (angle Calles de Santa Engracia et de Luchana ; museomadrid.com/anden-cero ; gratuit) a rouvert ses portes au public en 2008 sous la forme d'un musée qui recrée l'atmosphère du lieu lors de son inauguration initiale en 1919. Accessible du vendredi au dimanche seulement, sur réservation.

❻ Museo Sorolla

L'un des secrets les plus préservés de Madrid, le **Museo Sorolla** (Paseo del General Martínez Campos 37 ; culturaydeporte.gob.es/msorolla/inicio.html ; adulte/enfant 3 €/gratuit) est installé dans l'ancienne maison et atelier du peintre Joaquín Sorolla.

❼ Bodega de la Ardosa

La **Bodega de la Ardosa** (Calle de Santa Engracia 70) est une belle relique du passé. Sur sa façade toute carrelée, on peut voir des traces d'obus datant de la guerre civile. Les *patatas bravas* (pommes de terre frites et leur sauce épicée) que l'on y sert comptent parmi les meilleures de la ville.

❽ Calle de Ponzano

À Chamberí, la soirée finit souvent Calle de Ponzano, l'une des rues les plus festives de Madrid, où les bars à tapas abondent.

Vaut le détour

S'offrir une visite royale à San Lorenzo de El Escorial

Le majestueux palais-monastère de l'Escurial, inscrit au patrimoine mondial de l'Unesco, est une des excursions les plus intéressantes depuis Madrid. Il fut construit au XVIe siècle à la demande de Philippe II qui voulait un monastère et un palais doublé d'un mausolée pour ses parents, Charles Quint et Isabelle de Portugal. L'architecture est superbe, les jardins sont magnifiques et le palais abrite de nombreux chefs-d'œuvre.

www.patrimonionacional.es

Tarif plein/réduit 12/6 €, guide/audioguide 4/5 €, ressortissant UE gratuit les 3 dernières heures mer-jeu

Contexte historique

À la suite de sa victoire décisive contre les Français en 1557, le jour de la Saint-Laurent, Philippe II ordonna la construction au-dessus du hameau de El Escorial d'un ensemble au nom du saint. Plusieurs villages durent être rasés et la conception du bâtiment fut confiée à l'architecte Juan Bautista de Toledo, puis à Juan de Herrera, deux figures de la Renaissance espagnole.

Premiers pas

Résistez à l'envie d'entrer directement au cœur de l'ensemble monastique et prenez plutôt le temps d'admirer l'entrée principale, située du côté ouest. Au-dessus de l'entrée, saint Laurent monte la garde, tenant symboliquement un gril, instrument de son martyre, subi en 258.

Patio de los Reyes

Pénétrez dans le Patio de los Reyes (cour des rois), qui abrite les statues des six rois du royaume de Juda, les souverains cités dans l'Ancien Testament.

Biblioteca

Cette splendide bibliothèque reflète le côté studieux de Philippe II. Située en haut d'un escalier étroit et donnant sur le Patio de los Reyes, elle abrite plus de 400 000 textes en latin, grec, hébreu et arabe. Bien que vous ne puissiez sortir aucun de ces précieux tomes, de magnifiques volumes enluminés sont exposés ainsi que la superbe collection de globes, de cartes et d'astrolabes du roi.

Basilique

La basilique se dresse au bout du Patio de los Reyes. En entrant, levez les yeux sur l'inhabituelle voûte, près des stalles du chœur, qui est plate. Sur la gauche après l'entrée,

★ À savoir

- Le site Internet patrimonionacional.es donne de nombreuses informations historiques sur le complexe.
- L'office du tourisme (sanlorenzoturismo.org) informe sur les autres sites à voir.
- L'audioguide permet une visite plus détaillée des lieux.

Une petite pause ?

- Les viandes du **Restaurante Charolés** (Calle Floridablanca 24 ; charolesrestaurante.com) sont irréprochables. On aime notamment le *cocido* (ragoût de viande et pois chiches) en hiver.

★ Depuis/vers San Lorenzo de El Escorial

- Bus 661 et 664 (3,50 €, 1 heure) de la plateforme 30 de l'Intercambiador de Autobuses de Moncloa.
- Train *cercanías* C8 des gares Atocha ou Chamartín (1,50 €, 1 heure, fréquent).

ne manquez pas un des chefs-d'œuvre méconnus de l'Escurial : une statue en marbre blanc de Carrare du Christ crucifié (1576), signée Benvenuto Cellini.

De haut en bas

Le parcours touristique dans le monastère mène à l'étage à une galerie appelée Palacio de Felipe II ou Palacio de los Austrias. Vous y trouverez l'impressionnante Sala de Batallas, décorée d'une immense fresque militaire peinte par des artistes génois. Au sous-sol se trouve le Panteón de los Reyes (panthéon des rois), datant du XVIIe siècle, où presque tous les monarques espagnols ont été enterrés depuis Charles Quint. Dans cet espace souterrain très sobre et couronné d'un dôme, les sépultures royales sont superposées par groupes de quatre le long des murs.

Salas Capitulares

L'escalier qui monte depuis le Patio de los Evangelistas mène aux salles capitulaires, à l'extrémité sud-est du monastère. Ces pièces claires et spacieuses aux plafonds ornés de fresques conservent un véritable trésor : des tableaux du Greco, Titien, le Tintoret, José de Ribera et Jérôme Bosch (El Bosco pour les Espagnols).

Palacio de los Borbones

Lorsque la dynastie des Bourbons arriva au pouvoir en 1700, elle

San Lorenzo de El Escorial

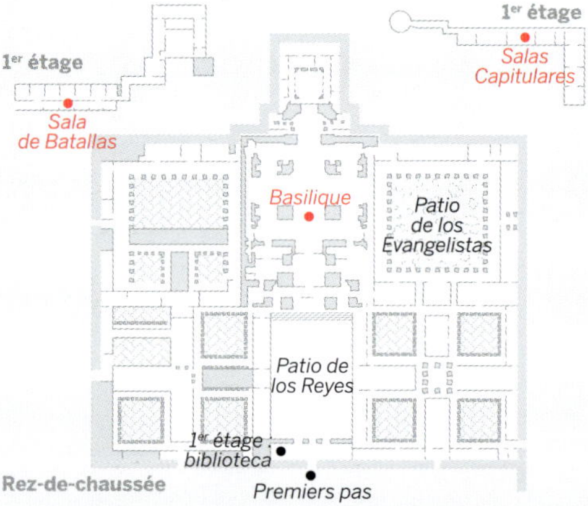

Pour la plus grande gloire de Dieu et celle du roi

L'impressionnant palais-monastère de l'Escurial est né de l'imagination de Philippe II (Felipe II), qui régna sur l'Espagne de 1556 à 1598. Conçu à la fois comme un palais et un mausolée, l'Escurial devait aussi affirmer le catholicisme de l'Espagne face à une Europe de plus en plus protestante.

Philippe II nomme Juan Bautista de Toledo, qui a travaillé sur la basilique Saint-Pierre de Rome, architecte principal du projet. Il formule ainsi la mission de l'architecte : "simplicité dans la construction, rigueur dans la globalité, noblesse sans arrogance, majesté sans ostentation". Pour répondre aux souhaits du roi, Juan Bautista de Toledo utilisera du granit extrait de carrières locales comme matériau principal et suivit un plan basé sur des descriptions historiques du temple de Salomon à Jérusalem.

La première pierre fut posée en 1563 (deux ans après que Madrid eut été choisie comme capitale du pays). À la mort de Juan Bautista de Toledo en 1567, l'architecte Juan de Herrera reprit le projet, qu'il acheva en 1584.

continua à se rendre à l'Escurial. Toutefois, ce ne fut qu'après l'accession au trône de Charles III que Juan de Villanueva fut chargé de réaliser des travaux de réaménagement dans cette partie du palais. Les tapisseries, dont certaines ont été réalisées par Goya, sont particulièrement dignes d'intérêt.

Huerta de los Frailes

Au sud du monastère, le **jardin des Moines** mérite bien une balade. Bien que modeste pour un jardin royal, il offre un espace paisible où se réfugier quand le reste du site est pris d'assaut par les visiteurs.

Jardín de la Casita del Príncipe

Le **jardin du pavillon du Prince** (gratuit), qui descend jusqu'à la petite ville de San Lorenzo de El Escorial (et jusqu'à la gare), est un beau jardin à la française. La **Casita del Príncipe** (pavillon du Prince ; 5 €), un petit bijou néoclassique, y fut construite en 1772 par Juan de Villanueva sous Charles III, pour son héritier, Charles IV.

Metro
Sol

Carnet pratique

Métro de Madrid (p. 149) PAGE LIGHT STUDIOS/SHUTTERSTOCK ©

Avant de partir

Hébergement

L'hébergement est de qualité à Madrid, et les prix bien meilleur marché que dans la plupart des grandes villes européennes. Le choix est large, du beau cinq-étoiles à l'auberge de jeunesse animée en passant par une excellente sélection d'hôtels de catégorie moyenne. Ces derniers sont pour la plupart confortables et souvent décorés de manière originale.

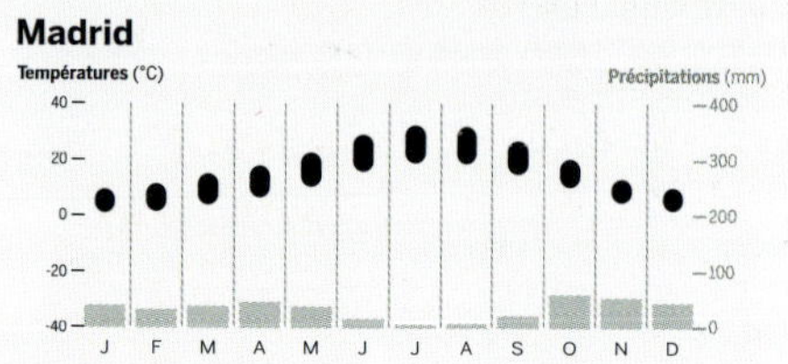

Quand partir

Été (juin-août) chaleur intense ; de nombreux Madrilènes quittent la ville. En août, fermeture d'établissements et heures d'ouverture réduites dans les sites.

Automne (sept-nov) Températures douces ; chaud en septembre, frais en novembre.

Hiver (déc-fév) Froid ; neige possible mais ciel toujours dégagé. Les marchés de Noël donnent à la ville un air de fête.

Printemps (mars-mai) Températures douces ; Semana Santa (Pâques) et fêtes en mai, notamment les célèbres Fiestas de San Isidro.

Sites Internet

Turismo de la Ciudad de Madrid (esmadrid.com). Un bon site pour avoir un aperçu des hébergements proposés.

Home Club (homeclub.com). Des dizaines d'appartements à Madrid, aussi bien pour des séjours courts que plus longs.

Atrápalo (atrapalo.com). Service de réservation de vols et d'hôtels en espagnol.

Petits budgets

Madrid City Rooms (madridcityrooms.com). Excellent service et belles chambres en centre-ville.

Hotel One Shot Prado (hoteloneshotprado23.com). B&B bon marché à proximité des musées.

Hostal Main Street Madrid (mainstreetmadrid.com). Un hôtel cool et central.

2060 The Newton Hostel (2060hostelandmarket.com). Un bon plan, loin de la foule des touristes.

Hostal Madrid (hostal-madrid.info). Le bar du *rooftop* est géant et les clients sont clairement là pour faire la fête.

Catégorie moyenne

Central Palace Madrid (centralpalacemadrid.com). Vue superbe sur Madrid, quelle que soit la chambre.

Posada del León de Oro (posadadelleondeoro.com). Pour profiter de l'ambiance de La Latina.

Catalonia Las Cortes (cataloniahotels.com). Service irréprochable, belles chambres et situation excellente à Huertas.

NH Collection Palacio de Tepa (nh-collection.com). Chic.

7 Islas Hotel (7islashotel.com). À Chueca, à deux pas de la Gran Via, avec vues et balcons.

Catégorie supérieure

Hotel Orfila (hotelorfila.com). Luxe. Service irréprochable.

Villa Magna (rosewoodhotels.com). Adresse chic, clientèle aisée.

Westin Palace (marriott.com). Un cinq-étoiles frôlant la perfection.

Hotel Urban (hotelurban.com). Le temple du luxe contemporain.

Gran Meliá Palacio de Los Duques (melia.com). Une adresse historique et lumineuse en plein cœur de la ville.

Arriver à Madrid

Depuis l'aéroport Adolfo Suárez Madrid-Barajas

- **Métro** (aller 4,50 € ; 6h05-1h30 ; 15-25 min ; ligne 8). Dessert la station Nuevos Ministerios, où passent les lignes 10 et 6. Tickets en vente à la station de l'aéroport.
- **Bus L'Exprés Aeropuerto** (emtmadrid.es ; 5 €, 40 min ; 24h/24) circule entre la gare ferroviaire Puerta de Atocha et l'aéroport. De 23h55 à 5h35, le départ s'effectue de la Plaza de Cibeles, et non à la gare.
- **Taxi** La course pour le centre-ville (environ 30 min, selon le trafic) coûte 30 €.

Depuis la France

Plusieurs vols directs quotidiens sont assurés depuis Paris par **Air France** (airfrance.fr). **Iberia** (iberia.es) assure des liaisons directes avec Bordeaux, Lyon, Marseille, Nantes, Nice, Paris, Strasbourg et Toulouse. Des compagnies low cost, et notamment **Air Europa** (aireuropa.com), **Easy Jet** (easyjet.fr), **Ryanair** (ryanair.com), **Vueling** (vueling.com), **Volotea** (volotea.com) et **Transavia** (transavia.com), desservent Madrid depuis Paris et certaines villes de province.

- Comptez environ 2 heures de vol entre Paris et Madrid.
- Un A/R coûte une centaine d'euros si l'on réserve tôt.

Depuis la Belgique

Brussels Airlines (brusselsairlines.com), **Iberia** (iberia.com), **Air Europa** (aireuropa.com) et **Ryanair** (ryanair.com) proposent des liaisons régulières, plusieurs fois par semaine, depuis l'aéroport de Bruxelles.

- Comptez environ 2 heures 30 pour un vol direct entre Bruxelles et Madrid.
- Si vous réservez tôt, prévoyez une centaine d'euros l'A/R.

Depuis la Suisse

Swiss (swiss.com) dessert Madrid tous les jours depuis Zurich. **Iberia** (iberia.com) assure des liaisons directes depuis Zurich, Genève et Bâle/Mulhouse ; **Easy Jet** (easyjet.com) depuis Bâle-Mulhouse.

- Comptez 2 heures de vol depuis Genève, 2 heures 20 depuis Zurich.
- Un A/R coûte 150 FS au minimum.

Depuis le Canada

Air Canada (aircanada.com) assure plusieurs fois par semaine des vols directs au départ de Toronto. À défaut, il faut transiter par une grande ville nord-américaine ou européenne.

- Comptez 8 heures pour un vol direct Toronto-Madrid et au minimum 1 000 $CA.

Depuis la gare Estación de Puerta de Atocha

Des trains partent quotidiennement de Marseille pour Atocha (environ 8h30), en passant notamment par Nîmes et Perpignan. (sncf-connect.com)

- **Métro** (aller/ticket 10 trajets 1,50/12,20 € ; 6h-1h30 ; ligne 1). Depuis Atocha Renfe jusqu'à Sol (10 à 15 min), puis correspondances avec les lignes 2 et 3. Tickets en vente aux automates de la gare.
- **Taxi** Une course pour le centre (environ 10 min) coûte environ 8 € (supplément de 7,50 € à la gare).

Depuis la gare Estación de Chamartín

- **Métro** (aller/ticket 10 trajets 1,50/12,20 € ; 6h-1h30, lignes 1 et 10). De la gare à la station Sol (15-20 min), puis liaisons avec les lignes 2 et 3. Tickets en vente aux automates de la gare.
- **Taxi** Un taxi pour le centre (environ 15 min) coûte autour de 15 € (supplément de 3 € en gare).

Titres de transport

Pour emprunter les transports en commun, les non-résidents doivent avoir une **Tarjeta Multi** : une carte rechargeable non nominative, à valider au début et à la fin de chaque voyage. On peut l'acheter (2,50 € la carte) et la recharger aux bornes des stations de métro, dans les *estancos* (bureaux de tabac) et les autres points de vente autorisés. On peut créditer 10 voyages (bus et métro) pour 12,20 €, ou un seul pour 1,50 €.

Pratique, la **Tarjeta Turística** (carte touristique) permet d'utiliser les transports en commun de la Comunidad de Madrid de manière illimitée. Elle est en vente dans toutes les stations de métro (présentez un passeport ou une carte d'identité) et coûte 8,40/14,20/18,40/26,80/35,40 € pour 1/2/3/5/7 jours.

Comment circuler

Métro

Le réseau de **métro** (metromadrid.es) compte 12 lignes desservant le centre.

Afin de voyager en métro, il vous faut acheter et charger une Tarjeta Multi ou acheter une Tarjeta Turística. Un ticket simple coûte 1,50 €, mais le carnet de dix est à 12,20 €.

Les rames circulent entre 6h et 1h30.

Bus

La **Empresa Municipal de Transportes de Madrid** (EMT ; emtmadrid.es) circule entre 6h30 et 23h30.

Il y a 26 lignes de bus de nuit *búhos* ("chouettes") qui roulent entre 23h45 et 5h30, au départ de la Plaza de Cibeles.

Cercanías

Les trains de banlieue *cercanías* sont gérés par la Renfe (renfe.com). Les tickets coûtent entre 1,70 € et 8,70 € selon la distance parcourue.

Taxi

Les taxis sont plutôt bon marché et les tarifs sont affichés sur les vitres. De Sol au musée du Prado, comptez environ 5 €.
Appelez un taxi de Tele-Taxi (www.tele-taxi.es) ou hélez-en un dans la rue.

Infos pratiques

Argent

Monnaie Euro (€)

DAB Nombreux ; renseignez-vous sur les frais appliqués par votre banque.

Espèces Les banques et les bureaux de change offrent les meilleurs taux ; présentez votre passeport.

Cartes bancaires Acceptées dans la plupart des hôtels, restaurants et magasins. Il est parfois demandé de prouver son identité avec son passeport ou sa carte d'identité.

Pourboires Laissez quelques euros au restaurant ; arrondissez à l'euro supérieur en taxi.

Cartes de réduction

- Si vous prévoyez de visiter le Museo del Prado, le Museo Thyssen-Bornemisza et le Centro de Arte Reina Sofía, le billet Paseo del Arte (32 €) donne accès aux trois, et reste valable pendant 12 mois ; les trois billets achetés séparément vous coûteront 40 €.
- La **carte d'étudiant internationale** (ISIC ; isic.org), la **Carte Jeunes européenne** (cartejeunes.fr) et (parfois) les cartes d'étudiants donnent aux étudiants des réductions pouvant aller jusqu'à 50% sur de nombreux sites.

Si vous avez plus de 65 ans, vous pouvez bénéficier d'une réduction sur l'entrée de certains sites. Certains sites limitent les réductions aux personnes munies d'une carte pour personnes âgées délivrée dans un pays de l'UE ou un autre pays dans lequel les citoyens espagnols bénéficient de droits réciproques.

Électricité

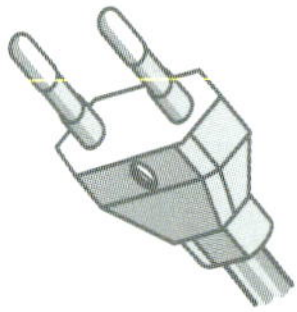

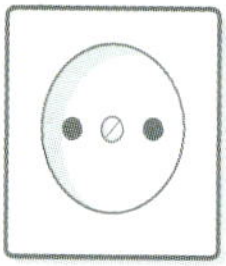

Type C
220 V/50 Hz

Formalités

- Les ressortissants de l'UE et des pays de l'espace Schengen n'ont pas besoin de visa. Une carte d'identité ou un passeport en cours de validité suffit.
- Les Canadiens sont dispensés de visa pour un séjour n'excédant pas 90 jours. Ils doivent présenter un passeport en cours de validité.

Handicap

- Consultez la rubrique **Madrid accessible** (esmadrid.com/fr/madridaccesible) sur le site de l'office du tourisme. Téléchargez la *Guía de Turismo Accesible* en PDF (213 pages, en anglais ou en espagnol) qui précise le degré d'accessibilité des sites et des transports, et fournit une liste de restaurants adaptés.
- Pour les hôtels et les *hostales* : rubrique "Alojamientos Accesibles" et *Guía de Alojamiento Accesible* téléchargeables.
- Le **Museo Tifológico** (Calle de la Coruña 18 ; museo.once.es ; gratuit) est un musée géré par la ONCE (l'organisation nationale des aveugles espagnols), spécialement conçu à l'intention des personnes aveugles et malvoyantes. Les visiteurs peuvent toucher toutes les pièces qui y sont présentées : les toiles, les sculptures, les tapisseries et l'ensemble des maquettes. Il y a ici plus de 40 maquettes de monuments du monde entier et d'Espagne, dont le Palacio Real et la fontaine des Cibeles de Madrid ou l'Alhambra de Grenade.

Heures d'ouverture

Banques 8h30-14h lun-ven (parfois 16h- 19h jeu), 9h-13h sam

Poste centrale 8h30-20h30 lun-ven, fermé sam-dim (la plupart des autres bureaux 8h30-14h30 lun-ven, fermé sam-dim)

Magasins 10h-14h et 16h30-19h30 ou 17h-20h lun-sam. En centre-ville, beaucoup de grands magasins ne ferment pas au déjeuner et sont ouverts le dim, de 10h/11h à 19h/20h

Supermarchés 10h-22h lun-sam

Moins cher...

- Certains sites sont gratuits selon les heures ou les jours.
- À midi, prenez le *menú del día* au restaurant.

Discothèques Minuit ou 1h-5h ou 6h

Restaurants Déjeuner 13h-16h, dîner 20h-23h ou minuit

Jours fériés

Año Nuevo (Nouvel An) 1er janvier

Reyes (Épiphanie) 6 janvier

Jueves Santo (Jeudi saint) Mars/avril

Viernes Santo (Vendredi saint) Mars/avril

Fiesta del Trabajo (fête du Travail) 1er mai

Fiesta de la Comunidad de Madrid 2 mai

Fiestas de San Isidro Labrador 15 mai

La Asunción (Assomption) 15 août

Día de la Hispanidad (Fête nationale) 12 octobre

Todos los Santos (Toussaint) 1er novembre

Día de la Virgen de la Almudena 9 novembre

Día de la Constitución 6 décembre

La Inmaculada Concepción 8 décembre

Navidad (Noël) 25 décembre

LGBTQIA+

Le mariage entre personnes du même sexe a été légalisé en 2005.

Bien avant cela, Madrid était déjà l'une des villes les plus accueillantes d'Europe pour les homosexuels. C'est d'ailleurs à la communauté gay de la ville que l'on doit la revitalisation du *barrio* (quartier) de Chueca, qui était auparavant mal en point.

L'événement le plus festif est l'**Orgullo LGTBI** (orgullolgtb.org). Il s'agit de la marche des fiertés qui se tient chaque année la première semaine de juillet.

Offices du tourisme

Centro de Turismo de Madrid (Plaza Mayor 27 ; esmadrid.com). Le centre de tourisme du gouvernement de Madrid est très bien fait. Installé dans la Real Casa de la Panadería, du côté nord de la Plaza Mayor, on peut y télécharger gratuitement des plans du métro sur son téléphone. Le personnel est attentionné.

Punto de Información Turística Plaza del Callao (esmadrid.com ; Plaza del Callao ; 9h30-20h30 ; M Callao)

Punto de Información Turística Palacio Real (esmadrid.com ; Calle de Bailén ; 9h30-20h30 ; M Ópera, Plaza de España)

Punto de Información Turística CentroCentro (esmadrid.com ; Plaza de

À savoir

Bars Les clients jettent serviettes en papier et noyaux d'olives sur le sol, qui est ensuite balayé régulièrement.

Escalators Placez-vous bien sur la droite.

Églises Évitez de visiter les églises (ou d'y prendre des photos) durant les offices.

Cibeles 1 ; 10h-20h mar-dim ; M Banco de España)

Punto de Información Turística Paseo del Prado (esmadrid.com ; Plaza de Neptuno ; 9h30-20h ; M Atocha)

Punto de Información Turística Reina Sofía (esmadrid.com ; Calle de Santa Isabel 52 ; 9h30-20h30 ; M Estación del Arte)

Punto de Información Turística Estadio Santiago Bernabéu (esmadrid.com ; Paseo de la Castellana 138 ; 9h30-20h30 ; M Santiago Bernabéu)

Punto de Información Turística Adolfo Suárez Madrid-Barajas T2 (esmadrid.com ; entre les salles 5 et 6 ; 9h-20h ; M Aeropuerto T1, T2 et T3)

Punto de Información Turística Adolfo Suárez Madrid-Barajas T4 (esmadrid.com ; salles 10 et 11 ; 9h-20h ; M Aeropuerto T4)

Sites utiles

Turismo de la Ciudad de Madrid (esmadrid.com). Le site de l'office du tourisme de Madrid.

Madrid Secreto (madridsecreto.co) Tout ce qu'il y a à faire, à manger et à boire dans la ville.

Turismo en la Comunidad de Madrid (turismomadrid.es). Site Web de l'office du tourisme régional.

Madrid Diferente (madriddiferente.com). Guide local des activités de la ville.

Sécurité

Madrid est plutôt sûre mais, comme dans toute grande ville, mieux vaut rester vigilant dans les lieux très fréquentés – El Rastro, autour du Prado, dans le métro... évitez les parcs la nuit.
• En taxi, gardez l'œil sur le compteur et essayez de suivre l'itinéraire afin de ne pas vous faire escroquer.

Urgences

Pour signaler un vol ou une infraction, contactez le **comisaría** (913 22 10 21 ; Calle de las Huertas 76 ; M Antón Martín), situé en bas de Huertas, près du Paseo del Prado. Des agents, qui travaillent en collaboration avec le ministère du Tourisme, peuvent vous aider à faire opposition sur votre carte bancaire, à contacter votre ambassade ou votre famille.

Le numéro d'urgence européen est le 112 (24h/24 ; service de télétraduction).

Un fil d'Ariane en voyage

Vous êtes ressortissant français ? Pensez à vous enregistrer sur le **portail Ariane** (pastel.diplomatie.gouv.fr/fildariane) du ministère de l'Europe et des Affaires étrangères. Ce service gratuit vous permet de recevoir des alertes si la situation le justifie. Crise politique, catastrophe naturelle, attentat... recevez en temps réel des consignes de sécurité lors de votre voyage. Il existe une application pour les Smartphones et les tablettes, intitulée Conseils aux voyageurs.

Langue

L'espagnol (*español*, souvent aussi appelé castillan pour le distinguer d'autres langues parlées en Espagne) est la langue parlée à Madrid.

Pour vous faire comprendre, lisez les instructions de prononciation comme si vous lisiez du français. Notez que (m/f) indique le masculin/le féminin.

Pour aller plus loin, procurez-vous le **Guide de conversation Espagnol** de Lonely Planet.

Formules courantes

Bonjour.
Hola. o·la

Au revoir.
Adiós. a·*dioss*

Comment allez-vous ?
¿Qué tal? ké tal

Bien, merci.
Bien, gracias. biènn *gra*·thiass

S'il vous/te plaît.
Por favor. por fa·*vor*

Merci.
Gracias. *gra*·thiass

Excusez-moi.
Perdón. per·*donn*

Pardon.
Lo siento. lo *siènn*·to

Oui./Non.
Sí./No. *si*/*no*

Parlez-vous (anglais) ?
¿Habla (inglés)? a·bla (inn·*gléss*)

Je (ne) comprends (pas).
Yo (no) entiendo. yo (no) ènn·*tiènn*·do

Au restaurant

Je suis végétarien. (m/f)
Soy vegetariano/a. soï vé·khé·ta·*ria*·no/a

Santé !
¡Salud! sa·*lou*

C'était délicieux !
¡Estaba buenísimo! èss·*ta*·ba boué·*ni*·si·mo

Pouvez-vous nous apporter l'addition, s'il vous plaît ?
Por favor nos trae la cuenta. por fa·*vor* nos *tra*·é la kwenn·ta

Je voudrais...
Quisiera... ki·*ssié*·ra...

un café		*un café*oun ka·*fé*
une table pour deux	*una mesa para dos*	*ou*·na *mé*·ssa *pa*·ra doss
du vin	*un vino*	oun *vi*·no
deux bières	*do cervezas*	doss *s* thèr·*vé*·thass

Shopping

J'aimerais acheter...
Quisiera comprar... ki·*ssié*·ra kom·*prar*...

Est-ce que je peux voir... ?
¿Puedo verlo? *poué*·do *vèr*·lo

Combien cela coûte-t-il ?
¿Cuánto cuesta? *kwan*·to *kwes*·ta

C'est très cher.
Es muy caro. èss mouï *ka*·ro

Urgences

Au secours !
¡Socorro! so·*ko*·ro

Appelez un médecin !
¡Llame a un médico! *ya*·mé a oun *mé*·di·ko

Appelez la police !
¡Llame a la policía! *ya*·mé a la po·li·*thi*·a

Je suis perdu(e). (m/f)
Estoy perdido/a. èss·*toï* per·*di*·do/a

Je suis malade. (m/f)
Estoy enfermo/a èss·*toï* ènn·*fèr*·mo/a

Où sont les toilettes ?
¿Dónde están los baños? *donn*·dé èss·*tann* loss *ba*·niosss

Heure et nombres

Quelle heure est-il ?
¿Qué hora es? ké *o*·ra èss

Il est (10) heures.
Son (las diez). sonn (lass dièth)

matin	*mañana*	ma·*nia*·na
après-midi	*tarde*	*tar*·dé
soir	*noche*	*no*·tché
hier	*ayer*	a·*yèr*
aujourd'hui	*hoy*	oï
demain	*mañana*	ma·*nia*·na

1	*uno*	*ou*·no
2	*dos*	doss
3	*tres*	trèss
4	*cuatro*	*koua*·tro
5	*cinco*	*thinn*·ko
6	*seis*	séïss
7	*siete*	*sié*·té
8	*ocho*	*o*·tcho
9	*nueve*	*noué*·vé
10	*diez*	diéth

Transports et orientation

Où se trouve... ?
¿Dónde está...? *donn*·dé èss·*ta*...

Quelle est l'adresse ?
¿Cuál es la dirección? koual èss la di·rèk·*thionn*

Pouvez-vous me l'indiquer (sur la carte) ?
¿Me lo puede indicar (en el mapa)? mé lo *poué*·dé inn·di·*kar* (ènn èl *ma*·pa)

Je voudrais aller à...
Quisiera ir a... ki·*sié*·ra ir a...

À quelle heure arrive-t-il/part-il ?
¿A qué hora llega/sale? a ké *o*·ra *yé*·ga/*sa*·lé

Je voudrais descendre ici.
Quiero bajarme aquí. *kié*·ro ba·*khar*·mé a·*ki*

En coulisses

Vos réactions ?

Vos commentaires nous sont très précieux pour améliorer nos guides. Notre équipe lit tous vos courriers avec la plus grande attention et prend en compte vos remarques pour les prochaines mises à jour. Pour nous faire part de vos réactions, prendre connaissance de notre catalogue et vous abonner à notre newsletter, consultez notre site Internet : **www.lonelyplanet.fr**

Nous reprenons parfois des extraits de notre courrier pour les publier dans nos guides ou sites web. Si vous ne souhaitez pas que vos commentaires soient repris ou que votre nom apparaisse, merci de nous le préciser. Notre politique en matière de confidentialité est disponible sur notre site Internet.

Un mot de l'auteure

Un grand merci à tous ceux qui ont participé à cette mise à jour du guide. En particulier, Melissa Dura pour sa connaissance des bars à tapas, mon beau-père, José Luis de Isidro, pour sa vision des événements historiques et, enfin, mon mari Sergio de Isidro pour ses opinions passionnées sur la *croqueta* parfaite !

Crédits photographiques

Photo de couverture : Puerta del Sol LucVi/Shutterstock/Acquia Dam ©

Au moment de l'impression de ce guide, les travaux de transformation de la Puerta del Sol étaient toujours en cours, notamment pour en faire un lieu interdit aux véhicules. Il se pourrait donc que l'endroit ne ressemble plus à l'illustration de couverture lors de votre voyage.

Images p. 34-35 (dans le sens horaire en partant du haut à gauche) : Aleksandar Todorovic ; WH_Pics ; Lucian Milasan ; Kim Willems/toutes les images de Shutterstock ©

À propos de cet ouvrage

Cette 7e édition de *Madrid en quelques jours* est une traduction-adaptation de la 7e édition de *Pocket Madrid*, publiée par Lonely Planet et rédigée par Felicity Hughes, Anthony Ham était l'auteur des deux précédentes éditions.

Traduction
Yann Champion

Directeur éditorial
Dominique Bovet

Responsable prépresse
Jean-Noël Doan

Coordination éditoriale
Camille Marie

Maquette
Valérie Salvo

Cartographie
Nicolas Chauveau pour l'édition française

Couverture Laure Wilmot

Merci à Basile Mariton pour sa préparation du manuscrit et à Dolorès Mora pour sa précieuse relecture du texte.

Index

Voir aussi les index des rubriques :

Se restaurer p. 158
Prendre un verre p. 158
Sortir p. 159
Shopping p. 159

Référence des **sites**
Référence des **cartes**

J

L

M

N

P

Q

R

S

T

U

V

Z

Se restaurer

Prendre un verre

Sortir

Shopping

Notre auteure

FELICITY HUGHES

D'origine britannique, Felicity Hughes a passé la majeure partie de sa vie adulte à l'étranger. Sa première grande destination a été le Japon, où elle a écrit sur des sujets aussi étranges que passionnants, comme les combats d'insectes géants ou les idoles virtuelles pour des publications telles que le *Guardian* ou le *Japan Times*.

Après plusieurs années passées à parcourir Tokyo pour parler des dernières tendances en matière de fétiches sexuels ou de sushis, elle a senti qu'il était temps pour elle de changer de rythme. Une aventure de cinq mois en Asie du Sud-Est a suivi, avant qu'elle ne s'installe à Madrid, en Espagne. Désireuse d'explorer l'histoire de la ville, elle a commencé à rédiger un blog intitulé *The Making of Madrid*. Aujourd'hui, elle peut s'étendre des heures durant sur ses tunnels souterrains, ses histoires de fantômes et ses scandales. Mieux encore, elle est généralement payée pour le faire !

Madrid en quelques jours
7e édition
Traduit et adapté de l'ouvrage *Pocket Madrid, 7th edition, June 2023*

92 avenue de France - 75013 Paris

Photographes © comme indiqué 2023
Dépôt légal Juin 2023
ISBN 978-2-38492-287-1

Imprimé par Pollina, Luçon, France - 49116
Réimpression 02 , mars 2024

En Voyage Éditions | un département édi8